BestMasters

Mit **„BestMasters“** zeichnet Springer die besten Masterarbeiten aus, die an renommierten Hochschulen in Deutschland, Österreich und der Schweiz entstanden sind. Die mit Höchstnote ausgezeichneten Arbeiten wurden durch Gutachter zur Veröffentlichung empfohlen und behandeln aktuelle Themen aus unterschiedlichen Fachgebieten der Naturwissenschaften, Psychologie, Technik und Wirtschaftswissenschaften. Die Reihe wendet sich an Praktiker und Wissenschaftler gleichermaßen und soll insbesondere auch Nachwuchswissenschaftlern Orientierung geben.

Springer awards **“BestMasters”** to the best master’s theses which have been completed at renowned Universities in Germany, Austria, and Switzerland. The studies received highest marks and were recommended for publication by supervisors. They address current issues from various fields of research in natural sciences, psychology, technology, and economics. The series addresses practitioners as well as scientists and, in particular, offers guidance for early stage researchers.

Birgit Kupiek

Haltung in der Mediation

Die Untersuchung eines unterdefinierten Phänomens

Springer

Birgit Kupiek
Krailling, Deutschland

Beim vorliegenden Text handelt es sich um den Abdruck der an der Fernuniversität in Hagen im Jahr 2022 eingereichten Masterarbeit im Studiengang Master of Mediation mit dem Titel „Mediation – Alles eine Frage der Haltung?".

ISSN 2625-3577 ISSN 2625-3615 (electronic)
BestMasters
ISBN 978-3-658-42725-2 ISBN 978-3-658-42726-9 (eBook)
https://doi.org/10.1007/978-3-658-42726-9

Die Deutsche Nationalbibliothek verzeichnet diese Publikation in der Deutschen Nationalbibliografie; detaillierte bibliografische Daten sind im Internet über https://portal.dnb.de abrufbar.

Planung/Lektorat: Marija Kojic
Springer ist ein Imprint der eingetragenen Gesellschaft Springer Fachmedien Wiesbaden GmbH und ist ein Teil von Springer Nature.
Die Anschrift der Gesellschaft ist: Abraham-Lincoln-Str. 46, 65189 Wiesbaden, Germany

Das Papier dieses Produkts ist recyclebar.

Die Schönheit in einem Menschen zu sehen, ist genau dann am nötigsten, wenn er auf eine Weise kommuniziert, die es am schwierigsten macht.

Marshall B. Rosenberg

Für Martin, Yannick und Ysalie.

Vorwort

Während meines Masterstudiums fiel mir auf, dass in den Praxisseminaren immer wieder von Haltung in den unterschiedlichen Mediationsphasen gesprochen wurde: „Hier ist jetzt die Haltung gefragt!“ Gleichzeitig war es für mich nie greifbar, was unter Haltung jenseits der bekannten Grundprinzipien der Mediation genau gemeint ist. Auch selbst „spüren“ konnte ich diese nicht, wenn ich selbst im Rollenspiel die Aufgabe des Mediators übernahm. Was ich merkte, war meine eigene Verstrickung in Form unangenehmer Gefühle, wenn es Herausforderungen gab, die mich an die Grenzen meines aktuellen Wissens und Könnens brachten. Außer einzelnen Schlagwörtern wie Berufsethos, Persönlichkeit, Methoden und Techniken ergab sich für mich kein klares Bild von Haltung, das mich zum Erforschen dieses Phänomens als angehende Mediatorin einlud. Auch die Studienliteratur gab mir dafür wenige Anhaltspunkte. Also entschied ich mich, im Rahmen meiner Masterarbeit näher zu erkunden, was Haltung denn überhaupt sein könnte. Dies führte mich von den Alltagsmedien zu einer Unmenge an Literatur aus den Sozialwissenschaften und wieder zurück zur Mediation. Je klarer die Struktur von Haltung wurde, desto tiefer wiederum wurde mein Blick auf das Wesentliche, desto mehr „Haltungsartiges“ fand ich. Daraus wurde nicht nur eine wissenschaftliche Arbeit, sondern eine spannende persönliche Reise. Eine Pendelbewegung nach außen und innen, die geprägt war von „Aushalten und Innehalten“ angesichts immer neuer Entdeckungen und Zweifeln des Nichtwissens, wohin die Recherche mich führt. Konnte ich es mir anmaßen ein Thema zu erforschen, das nur etwas für Profis mit ausreichender Berufserfahrung zu sein scheint? Die Neugierde war zu groß. Sowie mein Eindruck, dass dieses Thema näher erspürt und entmystifiziert gehört. Gleichzeitig entdeckte ich die ideale Verbindung meiner beruflichen und privaten Interessen: Das Thema Transformation, das mich beruflich in der IT-Branche seit vielen Jahren begleitet, die Sprache als ausgebildete Dolmetscherin, die Mediation sowie meine langjährige Yoga- und Achtsamkeitspraxis. So viel zur Rahmung meines Suchprozesses und meiner Haltung zu dieser Arbeit.

Birgit Kupiek

Inhaltsverzeichnis

Über den Autorin

Birgit Kupiek ist Master of Mediation (MM). Sie arbeitet seit vielen Jahren als Marketing- und Vertriebsexpertin im internationalen IT-Konzernumfeld. Ihr Schwerpunkt liegt auf Partnermanagement und digitaler Transformation in besonders verhandlungsintensiven Kontexten. Sie studierte Betriebswirtschaft in Reutlingen und ist staatlich geprüfte Dolmetscherin und Übersetzerin für Französisch.

Abbildungsverzeichnis

Einleitung 1

1.1 Das Phänomen Haltung

Das Thema Haltung beschäftigt in den letzten 10 Jahren Medien, Alltagsliteratur und alle Gebiete der Geistes- und Gesellschaftswissenschaften. Man könnte fast von einer Mode oder Renaissance eines auf den ersten Blick altmodischen Begriffs sprechen. Aber auch von einem „Container-Begriff“[1], in den allzu viele Vorstellungen eingebracht werden, ohne jedoch genau definieren zu können, was Haltung eigentlich ist. Halt(ung) wird zu einem Postulat, gar Hilferuf, in unserer zunehmend komplexen Welt, die beherrscht wird von großen systemischen und individuellen Herausforderungen wie Migration, Klimawandel, Pandemie und dem Wiederaufflammen des Kalten Krieges durch den Ukrainekonflikt. Es gibt ein intuitives Alltagsverständnis von Haltung, aber kein systematisches, theoretisches Fundament, um das flüchtige Phänomen Haltung allgemein zu verstehen. Erklärungsversuche bleiben daher meist oberflächlich deskriptiv und wenig greifbar.[2] Die Entwicklung von Haltung in der professionellen Rolle als Mediator, wird in jeder Mediationsausbildung als die Kür bezeichnet. Sie hat den Nimbus von Herrschafts- und Erfahrungswissen langjähriger Mediatoren und Supervisoren, das jedoch ebenso wenig präzise beschreibbar und schwer vermittelbar ist. Meist wird sie verortet in Rolle, Kompetenzen oder Persönlichkeit. Ob Haltung ‚erlernbar‘ ist, wird immer wieder in Frage gestellt. Gleichzeitig wird Haltung in anderen psychosozialen Beratungsformaten wie Coaching oder Psychotherapie deutlich mehr thematisiert. Wissen Mediatoren also überhaupt, was sie tun? Wenn

[1] Becker, Reiner/Gessner, Susann: Haltung. In: Demokratie gegen Menschenfeindlichkeit – Zeitschrift für Wissenschaft und Praxis 2/2021, S. 6.

[2] Vgl. Was ist Haltung? Begriffsbestimmung, Positionen, Anschlüsse, hrsg. v. Frauke Annegret Kurbacher und Philipp Wüschner. Würzburg 2016, S. 11–16.

B. Kupiek, *Haltung in der Mediation*, BestMasters,
https://doi.org/10.1007/978-3-658-42726-9_1

die Professionalisierung und Bildung einer beruflichen Identität vorwiegend der Haltung zugeschrieben wird, muss sie jedoch in irgendeiner Form einem Prozess unterliegen, der in Wechselwirkung mit den anderen Komponenten der Mediation (Verfahrensprinzipien, Phasenstruktur, Methoden) sowie der Person des Mediators steht.

1.2 Die Struktur der Arbeit

Was ist Haltung und wie funktioniert Haltung in Theorie und Praxis der Mediation? Wie können Mediatoren vor allem in Ausbildung und zu Beginn ihrer Karriere bewusster mit dem Thema Haltung umgehen, um mehr ‚innere Stabilität' zu erreichen? Kann ein besseres Verständnis von Haltung in der Mediation die scheinbare Lücke zwischen Anspruch und Realität in der Mediation schließen und einen Betrag zur Weiterentwicklung der Mediation neben anderen Beratungsformaten leisten? Ziel dieser Arbeit ist es, aus verschiedenen Zugängen zum Thema Haltung im ersten Schritt ein allgemeines und im zweiten Schritt rollenspezifisches Verständnis von Haltung für die Mediation zu entwickeln. Daraus sollen Ideen abgeleitet werden, wie Haltung in der Mediation skizzierbarer, bewusster und womöglich gestaltbarer gemacht werden kann. Aus den neuesten Untersuchungen der Philosophie als der ‚Erklärungswissenschaft' soll eine erste Arbeitsdefinition von Haltung erarbeitet werden, die die Wesensmerkmale von Haltung sichtbar macht. Diese soll dann angewandt und weiter angereichert werden durch Erkenntnisse vergleichbarer Konzepte der Psychologie, als wichtigste Schnittstellenwissenschaft der Mediation und Wissenschaft, die aus der Philosophie hervorgegangen ist. Auf dieser Basis sollen weiter deduktiv Schlüsse gezogen werden, in welchem besonderen Spannungsfeld Haltung in der Mediation steht, wo Haltung heute in der Mediation verortet ist und wie aus der Gesamtheit der Erkenntnisse ein Haltungskonzept für die Mediation skizziert werden. kann. Aufgrund der Vielzahl der Zugänge, kann diese Arbeit keine allumfassende interdisziplinäre Analyse beinhalten, sondern nur explorativen Charakter haben. Sie fokussiert sich deshalb primär auf die für das Verstehen der Struktur von Haltung und den Umgang mit Haltung mir wesentlich erscheinenden Aspekte und Zugänge und weniger auf die Erforschung spezifischer Einzelhaltungen.

Aus Gründen der sprachlichen Vereinfachung und besseren Lesbarkeit wird in der vorliegenden Arbeit auf geschlechtsspezifische Differenzierung verzichtet. Sämtliche personenbezogenen Bezeichnungen sind geschlechtsneutral zu verstehen.

2 Was ist Haltung?

Wendet man sich dem Thema Haltung in Alltags- und Fachliteratur zu, fällt als Erstes auf, dass der Begriff nicht nur sprachlich einen großen Radius hat, sondern auch in vielen Fachdisziplinen unterschiedlich verwendet wird oder nur unter ähnlichen Termini oder Konzepten zu finden ist. Dieses Kapitel hat daher zum Ziel, sich die semantische wie interdisziplinäre Vielfalt, die uns das Phänomen Haltung anbietet, selektiv und explorativ zunutze zu machen, um erste Erkenntnisse für ein Kernverständnis von Haltung zu skizzieren. Die daraus entstehende Arbeitsdefinition soll im Anschluss für das weitere Erforschen von Haltung im Spannungsfeld der Mediation dienen.

2.1 Haltung im Alltagsverständnis

Der deutsche Begriff Haltung hat eine enorme Bedeutungsbreite als auch Virulenz im Sprachgebrauch. Er hat eine große Alltagsrelevanz sowie ethisches Potenzial.[1] Aufgrund seiner fehlenden theoretischen Tiefe wird er im Alltag gewohnheitsmäßig auf bestimmte Art und Weise benutzt. Alltagsverständnis und allgemeiner Sprachgebrauch sind daher auch im wissenschaftlichen Kontext für das Erforschen von Haltung bedeutsam, da wir den Begriff, kulturell bedingt, automatisch mit bestimmten Bedeutungen assoziieren.

---

[1] Vgl. Kurbacher/Wüschner (Hrsg.), Was ist Haltung?, S. 11 ff.

B. Kupiek, *Haltung in der Mediation*, BestMasters,
https://doi.org/10.1007/978-3-658-42726-9_2

Drei grundsätzliche Wortbedeutungen findet man zunächst zum Stichwort Haltung im Duden:[2]

1. Körperhaltung
2.a. Innere Grundeinstellung, die jemands Denken und Handeln prägt
2.b. Verhalten, Auftreten, das durch eine bestimmte innere Einstellung, Verfassung hervorgerufen wird
2.c. Beherrschtheit, innere Fassung
3. Tierhaltung

Die Haltung einer Person zeigt sich also sowohl in ihrer Körperhaltung, in ihren inneren Grundeinstellungen (Überzeugungen, Vorstellungen, Werten) und ihrer

Abbildung 2.1 Synonyme von Haltung[3]

[2] Dudenredaktion: Duden Online (https://www.duden.de/rechtschreibung/Haltung#bedeutungen, zuletzt aufgerufen am 14.06.22).

[3] Eigene Darstellung in Anlehnung an: Dudenredaktion: Duden Online (https://www.duden.de/synonyme/Haltung, zuletzt aufgerufen am 14.06.22).

inneren Verfasstheit als auch in ihrem Verhalten. Ganz allgemein beschreibt Haltung, wie wir in Erscheinung treten. Dabei wird in der lexikalischen Bedeutung eine erste Idee von äußerer und innerer Haltung oder Verfassung sichtbar. Der dritten Bedeutung, der Tierhaltung wohnt eine Art kümmernde, umsorgende Komponente inne.[4] Um die ersten beiden relevanten Bedeutungskategorien gruppiert sich, wie in Abb. 2.1, 2.2 dargestellt, ein facettenreiches semantisches Bild im alltäglichen Sprachgebrauch.

Ähnlich vielfältig sind die *Redewendungen*: von Haltung annehmen, zeigen, bewahren, verlieren oder gehalten-sein. Ebenso die Synonyme wie Flagge zeigen, Ecken und Kanten haben, Rückgrat haben, hinter etwas stehen, klares Profil zeigen oder sich nicht verbiegen. Eher selten denkt man spontan an das Gegenteil. *Antonyme* wie Haltlosigkeit, Enthaltung und Synonyme wie Nachgiebigkeit, Selbstverleugnung werden eher weniger mit Haltung assoziiert. Zudem lassen sich besondere Einzelhaltungen ausmachen wie Liebe, Freundschaft, Gerechtigkeit. Negative Einzelhaltungen wie Geiz, Neid, Egoismus, Bestechlichkeit

Abbildung 2.2 Angrenzende Termini von Haltung[5]

[4] Vgl. Köppl, Susan: Haltung-Einstellung-Selbst (-organisation). Ein Differenzierungsversuch. In: Was ist Haltung? Begriffsbestimmung, Positionen, Anschlüsse, hrsg. von Frauke Annegret Kurbacher und Philipp Wüschner. Würzburg 2016, S. 163–164.

[5] Eigene Darstellung in Anlehnung an: Redaktion Das große Wörterbuch für Synonyme und Wortbedeutungen: Ein anderes Wort für (https://anderes-wort-fuer.de/Haltung/, zuletzt aufgerufen am 14.06.22).

oder Unaufrichtigkeit werden ebenfalls weniger mit dem übergeordneten Phänomen Haltung in Verbindung gebracht. Einzelhaltungen werden oft unter Gefühlen eingeordnet.[6] Allein die Erwähnung des Wortes Haltung ruft bei Menschen spontane Reaktionen hervor: „Ein eilfertig aufgerichteter Rücken, Brust raus, Schultern gerade, Augen justiert, eine korrekte Positur zur Darstellung von Anständigkeit, Aufrichtigkeit. Das heißt, Haltung habe mit *Werten* zu tun und mit deren Beziehung zu einem entsprechenden *Verhalten*."[7] Haltung hat also nicht nur einen großen Bedeutungsradius, sondern auch ethisches Potenzial. Es verweist im Alltäglichen oft etwas altmodisch auf Tugenden, Werte und Moral und damit gleichzeitig auf eine gewisse Abwesenheit von Gefühlen.[8] Haltung tangiert eine enorme Vielzahl an Bereichen, die das Individuum in seinem Lebensvollzug und seiner Persönlichkeit bis hin zur Haltung in Form einer professionellen Rolle betreffen. Haltung beschäftigt die Politik, Gesellschaft, Ethik, Sport, autobiografische Literatur/Fotografie und Kunst, bis zur Haltung in Unternehmen in den unterschiedlichsten Facetten: „Hand aufs Herz, wann haben Sie sich das letzte Mal gefragt: Wofür will ich stehen? Was ist Ihnen wirklich wichtig? Wozu sagen Sie noch ‚Ja' und was ist für Sie nicht mehr verhandelbar?"[9], lautet der Text in einer Online-Karrierebibel. Haltung als professionelles Rückgrat und berufliche Identität von Pädagogen, Lehrern und psychosozialen Beratern. Der Altbundespräsident Joachim Gauck sagte in seiner Rede im Jahr 2016 über das ‚Zusammenleben von Einheimischen und Zugewanderten': „Nicht die Herkunft zählt, sondern die Haltung."[10] Haltung als Postulat an Solidarität, Gemeinschaft, Zugehörigkeit und Menschlichkeit. Carola Rakete, die Seenotretterin, die ‚nicht anders konnte', als mit ihrer Sea-Watch 3 voller Migranten trotz Verbotes der italienischen Regierung und drohender Gefängnisstrafe an der Küste von Lampedusa anzulegen, Haltung zu zeigen und Verantwortung für das Wohl von 40

---

[6] Vgl. Kurbacher, Frauke Annegret: Zwischen Personen. Eine Philosophie der Haltung. Würzburg 2017, S. 160.

[7] Wild, Thomas: Was wissen wir von Haltung? Eine kleine enzyklopädische Suche. In: Was ist Haltung? Begriffsbestimmung, Positionen, Anschlüsse, hrsg. von Frauke Annegret Kurbacher und Philipp Wüschner. Würzburg 2016, S. 94.

[8] Vgl. Landweer, Hilge u. Wüschner, Philipp: Wie entsteht Gerechtigkeit? David Humes Affekttheorie als Propädeutik zu einer Theorie der Haltung. In: Was ist Haltung? Begriffsbestimmung, Positionen, Anschlüsse, hrsg. von Frauke Annegret Kurbacher und Philipp Wüschner. Würzburg 2016, S. 63.

[9] Mai, Jochen: Rückgrat zeigen: Warum klare Kante so wichtig ist (https://karrierebibel.de/rueckgrat/, zuletzt aufgerufen am 14.06.22).

[10] Gauck, Joachim: Zusammenleben von Einheimischen und Zugewanderten (https://www.bundespraesident.de/SharedDocs/Downloads/DE/Reden/2016/11/161129-Offenbach-Integration.pdf?__blob=publicationFile, zuletzt aufgerufen am 14.02.22).

Menschleben zu übernehmen.[11] All diese Beispiele lassen ein größeres Ganzes vermuten, in dem die Haltung eingebettet sein muss, hinter der man stehen muss, damit sie sichtbar werden kann.

2.2 Etymologie des Begriffs Haltung

Richtet man den Blick auf die Etymologie des Begriffs Haltung, so findet man weder eine durchgängige inhaltliche noch zeitlich exakt eingrenzbare Überlieferung des Begriffs in Bezug auf seine Herkunft und Geschichte. Ein Hauptzweig führt zeitlich und sprachlich zum griechischen Begriff *hexis* als Grundbegriff der aristotelischen Ethik und maßvolle Mitte tugendhaften Verhaltens (*echein*, griech. für ‚halten', lateinisch *habitus*), die beide insofern mit *ethos* (Gewöhnung) verknüpft sind, als sie auf wiederholten Handlungen basieren. Die ethische Dimension von Haltung geht vermutlich auf diesen Traditionsstrang zurück, auch wenn dies in heutigen Wörterbüchen nicht vermerkt ist. Ein anderer führt ins 19. Jahrhundert in die Felder von Moral, Erziehung und Militär, aber bereits auch in die Medizin, Pädagogik oder Psychologie.[12] Erst ab hier ähnelt der Sprachgebrauch des Begriffs Haltung, der im Zusammenhang mit dem spätmittelhochdeutschen Vorläuferbegriff *haltunge* (‚Gewahrsam, Verwahrung, Inhalt') erstmals sprachlich (1250–1350) erwähnt wird, dem heutigen Grundverständnis und der Verwendungsweise von Haltung: mit einer physischen und psychischen Komponente sowie Haltung auch als ‚Werthaltung' einer Person zu verstehen, die sich nicht nur in seiner (an Werten orientierten) Geisteshaltung ausdrückt, sondern auch in seinem Verhalten als eine Einheit.[13] „In gesteigerter Form verstehe man Haltung als ‚festes, energisches Verhalten'." (…) „In Bezug auf Sachen bedeute ‚Haltung' (…) die Weise wie etwas gehalten ist und infolgedessen uns erscheint'."[14] Das können die perspektivische und farblichen Stimmigkeit eines Gemäldes oder die Konturen einer Zeichnung bis hin zur Haltung eines Gedichts gemeint als Machart oder Schreibweise sein, die sich subtil in der Darstellung

---

[11] Vgl. Die Weltwoche: Moral siegt über Recht: Migranten-Schleuserin Carola Rackete bricht das Recht – und Italiens Ex-Innenminister Matteo Salvini steht vor Gericht (https://admin.weltwoche.ch/daily/moral-siegt-ueber-recht-migrantenschleuserin-carola-rackete-bricht-das-recht-und-italiens-ex-innenminister-matteo-salvini-steht-vor-gericht/, zuletzt aufgerufen am 14.06.22).

[12] Vgl. Wild, Was wissen wir von Haltung?, S. 94–95.

[13] Vgl. ebd., S. 91–92.

[14] Wild, Was wissen wir von Haltung?, S. 96.

zeigt.[15] Interessant ist zudem die Koinzidenz des ersten Eintrags von Haltung in einem Wörterbuch deutscher Sprache ab Ende des 18. Jahrhunderts, denn um 1800 beginnt nicht nur das Zeitalter der Enzyklopädien, die zweite Hälfte des 18. Jahrhunderts ist von politischen Revolutionen (1776/1789) und weltwirtschaftlichen Umwälzungen geprägt (Hochphase der Aufklärung, Beginn der Moderne). Hier wird als erste Bedeutung von Haltung im damals einflussreichsten Wörterbuch deutscher Sprache die Handlung des Haltens genannt, ferner die Festigkeit eines Dings und die Halterung im Sinne Aufhängung eines Gegenstandes.[16] Die allererste Definition, die man im Grimmschen Wörterbuch (1838–1971), das bis heute umfassendste Werk für die deutsche Sprache, für Haltung findet, ist ‚anhalt, stillstand‘ als Substantiv zum Verb ‚anhalten‘. Der Eintrag, aus dem sich alle weiteren Bedeutungen von Haltung entwickeln, zitiert aus einem alten aus dem Sanskrit übersetzten Text über Kampf und Krieg. Der Germanist und Politikwissenschaftler Thomas Wild formuliert daraus die These, dass die Relevanz von Haltung womöglich in Bezug zu Phasen des Umbruchs und tiefgreifender gesellschaftlicher Zäsuren gelesen werden kann. Immer wenn mit Traditionen gebrochen wird und lose Enden neu miteinander verknüpft werden müssen, kommt es zu neuen Vernetzungen in verschiedenen Bereichen des Wissens, findet im übertragenen Sinn ein ‚Ringen um Haltung‘ statt.[17] Haltung ist ein deutsches Sprachspezifikum, das im Englischen nicht die gleiche Bedeutungsbreite hat und am ehesten dem Wort ‚*attitude*‘ (dt. *Einstellung)* entspricht. Ihm fehlt der körperliche Aspekt als auch die historisch-philosophischen Wurzeln der Haltung und ist in seinem alltäglichen Gebrauch weniger vielfältig.[18]

2.3 Zwischenreflexion

Der Reiz des Haltungsbegriffs liegt in seiner großen Bedeutungsbreite von „existenziellen Grunderfahrungen der Haltlosigkeit und Gehaltensein bis zu sittlichen Imperativen des Haltung-annehmens und Haltung-zeigens“[19]. Zugleich vermittelt er etwas zutiefst Menschliches: die Sehnsucht nach einer verlässlichen Größe im

[15] Vgl. ebd., S. 97–98.

[16] Vgl. ebd., S. 92.

[17] Vgl. ebd., S. 100–102.

[18] Vgl. Online Redaktion: Oxford Learner’s Dictionaries. Attitude (https://www.oxfordlearnersdictionaries.com/definition/english/attitude?q=attitude, zuletzt aufgerufen am 20.06.22).

[19] Kurbacher/Wüschner (Hrsg.), Was ist Haltung?, S. 11.

Leben, die Halt gibt, wenn alles zusammenbricht und man um Haltung ringt.[20] Dennoch ist sein Alltagsgebrauch nicht ohne Probleme. Ihm haftet aufgrund seiner historischen Bezüge zur Tugendethik etwas einseitig Heroisches und damit auch Unreflektiertes an, das durch die mediale Ästhetisierung verstärkt wird und leicht zu statischen Reduktionen führen kann.[21] Auch die Gradwanderung zum Ideologischen darf deshalb nicht unbenannt bleiben.[22] Mit dem Hashtag ‚Haltung zeigen' auf Pappschildern stellten Politiker zum zweiten Jahrestag des Mordes an Dr. Walter Lübcke am 2. Juni 2021 Bilder von sich in die sozialen Medien. Der größte deutsche Lebensmittelkonzern warb im Juni desselben Jahres unter dem Hashtag ‚Haltungswechsel' mit dem frühzeitigen Verzicht auf Billig-Fleisch aus schlechten Tierhaltungsbedingungen. Haltung wird, wie diese Beispiele zeigen, auch schnell zum Kippbild und kann für wirtschaftliche oder politische Interessen missbraucht werden.[23] Deutlich wird damit auch, dass eine Verengung von Haltung auf Grundwerte und Normen nicht die Auseinandersetzung mit der eigenen Haltung ersetzt.

2.4 Philosophische Perspektiven

Was ist Haltung und wie funktioniert Haltung? Die Formulierung allein verlangt nach einer Definition, nach Struktur oder Sinnhaftigkeit von Haltung und verweist auf die Philosophie, wörtlich „Lebensweisheit"[24]. Ihre Domäne ist es, die menschliche Existenz über einzelne Fachgebiete hinweg zu ergründen und Begriffe zu klären.[25] Keine Wissenschaft eignet sich daher besser, um den polyvalenten und unterdefinierten Begriff der Haltung besser zu verstehen. Dennoch ist Haltung Stand heute kein philosophisch etablierter Begriff.[26] Taucht man in die Bemühungen um eine moderne Philosophie der Haltung ein, wie sie in den letzten Jahren vor allem von Kurbacher und Wüschner vorangetrieben wurde, muss man eher in Konzepten als Begriffen denken. Konzepte sind per se nicht statisch,

[20] Vgl. Wüschner, Philipp: Eine aristotelische Theorie der Haltung. Hexis und Euexia in der Antike. Hamburg 2016, S. 41.

[21] Vgl. Wüschner, Eine aristotelische Theorie der Haltung, S. 98.

[22] Vgl. Kurbacher/Wüschner (Hrsg.), Was ist Haltung?, S. 14.

[23] Vgl. Becker/Gessner, Haltung, S. 5.

[24] Grimm, Jakob u. Grimm, Wilhelm: Deutsches Wörterbuch von Jacob Grimm u. Wilhelm Grimm. Philosophie. Bd. 13, Sp. 1830 (https://woerterbuchnetz.de/?sigle=DWB#1, zuletzt aufgerufen am 28.05.2022).

[25] Wild, Was wissen wir von Haltung?, S. 91.

[26] Vgl. Kurbacher/Wüschner (Hrsg.), Was ist Haltung?, s. Rückseite.

sondern beweglich und haben zum Ziel, Differenzierungen zu ermöglichen und Strukturelemente sichtbar zu machen.[27] Das Alltagsverständnis von Haltung ist im Vergleich dazu eher von Statik als von Prozesshaftigkeit geprägt, da im Alltag nur die Oberflächeneffekte von Haltung, aber nicht der Prozess der Aneignung von Haltung erkennbar wird.[28] Es geht also erst mal nicht um die Bestimmung einzelner Haltungen, Urteile oder Gefühle, sondern darum, sich den Gesetzmäßigkeiten und Wechselwirkungen von Haltung mit all seinen Aspekten anzunähern.[29] Im Folgenden werden einzelne philosophische Traditionsstränge von der Antike bis heute skizziert, die man dem Phänomen der Haltung zuordnen kann und damit einen Beitrag zur Ausleuchtung der unterschiedlichen Dimensionen von Haltung leisten können.[30] Konzepte, die gerade in der klassisch-abendländischen Philosophie bisher eher als getrennte philosophische Linien betrachtet werden.[31]

2.4.1 Haltungsdimension Stabilität – Offenheit

Wie bereits in Abschnitt 2.2 erwähnt, verweist das Phänomen Haltung zunächst auf die Antike. Die antiken Begriffe *hexis* (griech.) und *habitus* (lat.), die beide wesentliche Bestandteile der aristotelischen Tugendlehre sind, bilden eine wichtige Vorgeschichte zum Verständnis von Haltung. Allerdings verzweigen sich diese später in unterschiedliche philosophische Traditionslinien.[32] Der Begriff *habitus* hingegen, entwickelt sich zu einem wesentlich engeren, soziologischen Grundbegriff weiter und kann daher nur eingeschränkt an ein modernes Verständnis von Haltung anschließen.[33] Sprachlich basiert *hexis* auf dem griechischen Verb für ‚halten', ‚*echein*'. Der von Aristoteles in seiner *Nikomachischen Ethik* geprägte Begriff entspricht dem deutschen Wort Haltung und wird in der Geschichte des Gewohnheitsbegriffs oft als ‚Disposition' (andauernder Status) oder ‚Besitz' (possession) einer gewissen Fähigkeit bezeichnet. Die lateinische Übersetzung als ‚habitus' hat wiederum zum deutschen Begriff ‚Habitus' geführt (im Engl. *disposition/habit*).[34] Die meisten Erläuterungen zur historischen Herkunft von Haltung hören hier in der Vielzahl an Haltungsliteratur

[27] Vgl. Wüschner, Eine aristotelische Theorie der Haltung, S. 28–29.

[28] Vgl. ebd., S. 96.

[29] Vgl. Kurbacher, Zwischen Personen, S. 12–17.

[30] Ebd., S. 65.

[31] Vgl. Köppl, Haltung-Einstellung-Selbst (-organisation), S. 165.

[32] Vgl. Kurbacher, Zwischen Personen, S. 64.

[33] Vgl. Kurbacher/Wüschner (Hrsg.), Was ist Haltung?, S. 16.

[34] Vgl. Wild, Was wissen wir von Haltung?, S. 94–95.

bereits auf. Die philosophiegeschichtliche Nachverfolgung beider Stränge und ihr Vergleich gewährt jedoch wichtige Einblicke zum Verstehen von Haltung, auch wenn ihre Bedeutung für die Entwicklung eines modernen Haltungskonzeptes unterschiedlich zu bewerten sind.

2.4.1.1 Die aristotelische hexis

Im *Konzept der aristotelischen hexis* wird Haltung als „Maß tugendhaften Verhaltens definiert, das sich irgendwo in der Mitte, im Zwischen möglicher Extreme aufhält“[35] und sich erst über wiederholte Handlungen aus der Gewöhnung (*ethos*) ergibt. Haltung findet sich in einem weiter gefassten Sinn in der Begriffskombination der *hexis prohairetike*[36] wieder: *hexis* für Haltung, *prohairesis* für Selbstbestimmung, -entscheidung, -wahl. Tugenden sind also Haltungen der Wahl.[37] In dieser Vorstellung zeigt sich Haltung als etwas „Aktives, als ein Vorgreifen der Person auf etwas Künftiges (…) und beschreibt ein existentielles Moment, das im Modus der Bewegung, des Veränderns oder Fortführens das Dasein einer Person zugleich bestätigt“.[38] „In jeder Situation muss die Entscheidung für eine bestimmte Handlung neu getroffen werden, so dass der Haltung ein aktiver, beweglicher, veränderbarer Status zukommt.“[39] Die *hexis prohairetike* verweist damit auf die grundlegende menschliche Urteilskraft als Fähigkeit, die rationale und emotionale Kräfte verbindet und eine große Rolle im Konzept des Selbstdenkens bei Kant und in der deutschen Frühaufklärung spielt.[40] Gleichzeitig wird der Haltung in der Tradition der *hexis* eine gewisse Pathosfähigkeit (*pathé*) zugeschrieben, eine Art zwiespältiges Erleben aus Lust und Schmerz. Wenn wir einer schwierigen Situation mit ‚Lust‘ im Sinne von Mut und Bestimmtheit statt Passivität begegnen, sind wir tapfer. Wir bleiben aber unbeeindruckt gegenüber dem gleichzeitigen Schmerz. Tapferkeit hat also durchaus mit Schmerz zu tun. Diese Schmerzen sind jedoch durch wiederholtes Erleben bereits abgegolten, bzw. haben zu einer gewissen Unempfindlichkeit geführt.[41]

[35] Ebd., S. 95.

[36] Kurbacher, Zwischen Personen, S. 55.

[37] Vgl. ebd., S. 19.

[38] Ebd., S. 18.

[39] Wild, Was wissen wir von Haltung?, S. 95.

[40] Vgl. Kurbacher, Zwischen Personen, S. 19.

[41] Vgl. Wüschner, Philipp: Gegen-Eigentlichkeit. Haltung-Indifferenz-Einsamkeit. In: Was ist Haltung? Begriffsbestimmung, Positionen, Anschlüsse, hrsg. von Frauke Annegret Kurbacher und Philipp Wüschner. Würzburg 2016, S. 113–116..

2.4.1.2 Der aristotelische habitus

In der lateinischen Auslegung und *Konzept des habitus* ist Tugend in der Antike ebenfalls zunächst eine ‚Haltung der Wahl' (lat. habitus electivus). Beide haben also mit der Rückbindung an tugendhaftes Verhalten eine ethische Signatur. Während die *hexis prohairetike* jedoch den autonomen Entscheidungsaspekt von Haltung betont, legt Haltung im Konzept des *habitus* den Fokus auf die Formierungsprozesse, an die Haltung gebunden ist und die erst von klein auf erworben werden müssen. Erst durch den Prozess der Gewöhnung entfaltet sich menschliches Potenzial und bilden sich aus menschlichem Rohmaterial prägende Charakterzüge.[42] Eine Art „zweite Haut"[43], die zum Handlungsgerüst für moralisches Handeln wird. Das Hauptmerkmal von Haltung ist hier die Beständigkeit. Eine Analogie zur Haltung in der Ethik ist das Erlernen eines Musikinstrumentes, welches ständiges Üben erfordert. Im übertragenden Sinn bedeutet dies, dass z. B. Gerechtigkeit nicht aus einem einmaligen, sondern erst durch wiederholt gerechtes Handeln entsteht. Entscheidend ist also, wie es jemand mit der Gerechtigkeit hält bzw. sich diesbezüglich verhält.[44]

2.4.1.3 Konzeptwechsel von hexis zu habitus

Nach und nach findet in der Antike und im Mittelalter ein Konzeptwechsel von *hexis* zu *habitus* statt, sowie gleichzeitig eine im Rahmen stoischer Einflüsse rationale Überformung. Die *hexis* spart zwar die Affekte nicht aus, betont jedoch den rationalen Teil von Haltung.[45] Beim *habitus* hingegen werden Affekte als Störfaktoren gesehen, die teilweise bis zur Emotionsleere eliminiert werden müssen.[46] Im affektiven Aspekt beider Vorstellungen liegt demzufolge ein deutlicher Unterschied. In sozio-kultureller Hinsicht prägt der Habitus das späte Mittelalter und die frühe Neuzeit und wird zur Grundlage humanistischer Ideen der Erziehung. Demnach ist eine gelungene Erziehung eng mit einer Regulierung der Leidenschaften und Kultivierung der eigenen Körper- und Geistesanlagen verbunden.[47] „Der Mensch ist keine tabula rasa, sondern durch seine körperliche Natur vorgeprägt (…)." „All diese Voranlagen lassen sich (…) nicht ‚abschaffen', sie lassen sich aber in einer steten und oft mühsamen Arbeit an sich selbst

---

[42] Vgl. Roick, Aristotelismus, Humanismus und die Kritik am habitus, S. 28.

[43] Kurbacher, Zwischen Personen, S. 362.

[44] Vgl. Roick, Aristotelismus, Humanismus und die Kritik am habitus, S. 25.

[45] Vgl. Kurbacher, Zwischen Personen, S. 58.

[46] Vgl. ebd., S. 57.

[47] Vgl. Roick, Aristotelismus, Humanismus und die Kritik am habitus, S. 28.

ausgleichen und überwinden."[48] Habitus in der frühneuzeitlichen Tradition verweist auf Haltung als Konglomerat unterschiedlicher Welt- und Selbsthaltungen und kommt den Konzepten heutiger Moralpsychologen wie Jonathan Haidt nahe, die nicht nur von einer moral domain, sondern von multiple moral foundations sprechen.[49] Insgesamt gibt es viele Sprünge in der Überlieferung der drei Begriffe Haltung, *hexis, habitus* und keine wirklich durchgängige Traditionslinie, aber dennoch gemeinsame Spuren die zu einem modernen Haltungverständnis hinführen.[50]

2.4.1.4 Der soziologische Habitus bei Bordieu

Der aristotelische Begriff *habitus* wird schließlich zu Beginn des 20. Jahrhunderts vor allem unter dem Einfluss des Soziologen und Sozialphilosophen Bourdieu wiederbelebt, nachdem er zwischenzeitlich in der Moralphilosophie so gut wie keine Rolle mehr gespielt hatte. Hierbei geht es wiederum um zwei wesentliche Dimensionen: Erstens um Prozesse der Gewöhnung (Habitualisierung und Automatisierung) und zweitens, um Verhaltensdispositionen, die Prägung der moralischen Persönlichkeit durch historische, soziologische und psychologische Faktoren.[51] Durch Bourdieu wird Habitus zu einem zentralen soziologischen Fachbegriff, der heute auf viele andere sozialwissenschaftliche Disziplinen ausstrahlt. Er steht „für die Wahrnehmungs-, Denk- und Handlungsschemata eines Menschen, in dem sämtliche inkorporierten, früheren, sozialen Erfahrungen zum Ausdruck kommen"[52]. Der Habitus einer Person drückt sich in seiner Gesamterscheinung aus sowie seiner Einstellungen und seinem Lebensstil. Der Habitus deutet auf den gesellschaftlichen Status hin, die diese Person innerhalb einer bestimmten sozialen Gruppe oder Struktur hat. Ziel des Konzeptes ist es, Dispositionen von Individuen oder Gruppen und gesellschaftliche Möglichkeiten miteinander in Verbindung zu bringen und auf einheitliche Sets an Handlungsmustern zu untersuchen.[53] Der individuelle Habitus ist bei Bourdieu immer eine

[48] Ebd., S. 28–29.

[49] Ebd., S. 28.

[50] Vgl. Wild, Was wissen wir von Haltung?, S. 95.

[51] Vgl. Roick, Aristotelismus, Humanismus und die Kritik am habitus, S. 26.

[52] Lenger/Schneickert/Schumacher (Hrsg.), Pierre Bourdieus Konzeption des Habitus, S. 14.

[53] Vgl. Lenger/Schneickert/Schumacher (Hrsg.), Pierre Bourdieus Konzeption des Habitus, S. 14, 22.

Form des Habitus einer Gruppe und stark geprägt durch die jeweilige Sozialisation.[54] Er ist damit eher weniger eine autonome ‚Haltung der Wahl' oder lässt Spielraum für Verhaltensabweichungen (wobei sich Situationen nie eins zu eins wiederholen, sondern immer eine Angleichung an bestehende Verhaltensmuster erfolgt).[55] Damit unterscheidet sich der Habitus deutlich von sozialpsychologischen Konzepten des Selbst[56], als auch von einem modernen Verständnis von Haltung und zwar nicht nur durch seinen rationalen Fokus als ‚Dispositionssystem sozialer Akteure', sondern auch durch seine holistische Perspektivierung als relativ vorbestimmte, vereinheitlichende , soziale Laufbahn eines Individuums.[57] Auch wenn der Habitus im soziologischen Sinn aufgrund seiner Fixierung auf die stabilen Elemente von Haltung nicht als Gesamtidee von Haltung in Frage kommt, beeinflusst unser gesellschaftlicher Status dennoch unsere Haltung und ist damit auch für die Mediation und das Verstehen von Konflikten relevant.

2.4.1.5 Ravaissons Habitude

Einen interessanten Beitrag zum tieferen Verständnis von Haltung im körperlichen und geistigen Sinne hat der Aristoteles-Forscher Félix Ravaisson (1813–1900) im 19. Jahrhundert mit seinem zentralen Begriff der Gewohnheit (*habitude*) geleistet. Diese übersetzt er mit *hexis* und verweist nochmal genauer auf die bereits von Aristoteles formulierte Mittelposition der hexis zwischen Potenz und Akt, *dynamis* (Bewegung) und *energia* (Tätigkeit).[58] In seiner Idee der *hexis* oder *habitude* ist jede Natur grundlegend als „Neigung oder Bewegung zu verstehen (…)“, die sich zu einer „zunehmend perfekten Existenz“[59] bzw. einer vollständigen Form oder Akt entwickelt. Die Gewohnheit ist dabei das zwischen Bewegung und Form vermittelnde Element, sozusagen die höchste Potenz der Bewegung.[60] Stimulus und Reaktion sind immer zeitlich voneinander getrennt, was zu einer Steigerung der Komplexität führt. Gewohnheit muss demnach in Anwendung gebracht werden, um sich in einen Akt zu verwandeln. Die Gewohnheit bereitet in Ravaissons Theorie die intuitiven Akte vor. Gleichzeitig ist aber die Intuition das, was wiederum die Gewohnheitsprozesse steuert,

---

[54] Vgl. Lenger/Schneickert/Schumacher (Hrsg.), Pierre Bourdieus Konzeption des Habitus, S. 22.

[55] Vgl. ebd., S. 19.

[56] Vgl. ebd., S. 21.

[57] Vgl. ebd., S. 23.

[58] Vgl. Viola, Gewohnheit u. Intuition zwischen Frankreich u. Amerika, S. 45.

[59] Ebd., S. 45.

[60] Vgl. ebd., S. 46.

und zwar durch ein Bündnis zwischen intellektueller und sinnlicher Intuition. Dieses Wechselverhältnis macht Gewohnheiten zu komplexen intelligenten Prozessen, die aber auch Veränderungen möglich machen.[61] Ravaisson beschreibt Gewohnheit als den „primären Seinsmodus der Seele“[62]. Er zieht dabei (siehe exemplarisch Abb. 2.3 und 2.4) eine Parallele zur Kunst, wo die durch flüchtige Striche angedeutete Bewegung einer Zeichnung von zwei Tänzerinnen, obwohl unvollständig wirkend, dennoch das Wesen, die Essenz oder ‚Seele‘ der Zeichnung wiedergibt. Und zwar als Ausdruck eines inhärenten Prinzips, das einen Spannungsbogen zwischen unmittelbarer und vermittelter Erkenntnis bildet[63], zwischen Gewohnheit und Intuition.[64]

Aus dieser Synthese entsteht eine „reelle Intuition“(..) als „zweite Unmittelbarkeit zwischen Menschen und Natur“ (…), „die die erste Unmittelbarkeit (d. h. die angeborenen Instinkte) ersetzt“[65]. Damit ist die „Gewohnheit kein ‚fossiles Residuum‘, sondern bleibt immer aktiv, auch wenn sie tief eingeprägt ist“[66]. Ravaisson formuliert daraus das sog. ‚*doppelte Gesetz der Gewohnheit*‘. Gewohnheiten können demnach „gleichzeitig eine Senkung der Rezeptivität des Subjekts und eine Steigerung seiner Aktivität“[67] erzeugen. Gewöhnen wir uns beispielsweise an regelmäßige Geräusche, verschwinden diese aus unserer bewussten Wahrnehmung. Gewohnheiten können also auch zu unreflektierten Automatismen werden. Üben wir hingegen eine komplexe Bewegung bewusst fortlaufend ein, wird sie irgendwann reibungsloser in der Ausführung.[68] Jeder Haltung wohnen potenziell diese bewussten Initialmomente inne. Momente einer bewussten Wahl und Entscheidung, die einen schmalen Grat zwischen Verschleifung und bewusster Teilnahme markieren.[69] Beides sind laut Ravaisson komplementäre Aspekte einer einzigen Kraft, die ein komplexes Zentrum des Denkens und Handelns bilden und der Seele entspricht.[70]

---

[61] Vgl. Viola, Gewohnheit u. Intuition zwischen Frankreich u. Amerika, S. 48.

[62] Ebd., S. 48.

[63] Vgl. ebd., S. 41–43.

[64] Vgl. ebd., S. 51.

[65] Viola, Gewohnheit u. Intuition zwischen Frankreich u. Amerika, S. 50.

[66] Ebd., S. 51.

[67] Ebd., S. 50.

[68] Vgl. ebd., S. 49.

[69] Vgl. Kurbacher, Zwischen Personen, S. 362–363.

[70] Vgl. Viola, Gewohnheit u. Intuition zwischen Frankreich u. Amerika, S. 49–50.

Abbildung 2.3 und 2.4 Ravaisson: Zeichnung auf Papier; Frauenfelder: Mänade und Satyrus[71]

2.4.2 Haltungsdimension Bezüglichkeit: Anderer - Selbst

Aus der *hexis* als Haltung der Wahl ergeben sich zwei Anwendungsfälle von Haltung: die moralische Beurteilbarkeit von Personen sowie die Affektkontrolle im aktiven Vollzug als (bewusste) Haltung der Tugend. Die einengende Sichtweise der Affektkontrolle ist in der Antike entscheidend für die moralische Charakterbildung. Haltung und der Umgang mit den eigenen Affekten sind infolgedessen unmittelbar miteinander verbunden.[72] Dank der Pathosfähigkeit (*pathé*) der hexis und ihrer Doppelbestimmung aus Lust und Schmerz sind wir überhaupt erst in

[71] Ebd., S. 42. Abb. 2.3: Ravaisson, undatierte Zeichnung, Stift auf Papier, 16,5 × 7,5 cm, Paris, Bibliothèque Nationale de France; Abb. 2.4: Frauenfelder, Mänade und Satyrus (aus einem heute verlorenen Fresko in Pompei). In: F. Niccolini u. a.: Le Case e i monumenti di Pompei disegnati e descritti, Neapel 1854–1896, Bd. I, Teil 1, Taf. 5.

[72] Vgl. Wüschner, Gegen-Eigentlichkeit. Haltung-Indifferenz-Einsamkeit, S. 109.

der Lage aufgrund unserer Affekte zu handeln.[73] Die grundlegende affektive Bezüglichkeit von Haltung zeigt sich jedoch auch in anderen Konzepten.

2.4.2.1 Philia

Liebe und Freundschaft als besondere, quasi modellhafte Einzelhaltungen eröffnen bereits in der Antike im aristotelischen Konzept der *philia* Einblick in die grundlegende multiperspektivische Bezüglichkeit von Haltung und die besondere Wechselwirkung zwischen Personen. Als höchste Form der *philia* bezeichnet Aristoteles diejenige, die auf einer Selbstzweckhaftigkeit beruht und nicht nur auf Lust oder Nutzen. Damit ist eine Freundesbeziehung gemeint, in dem der Freund dem anderen das Gute allein um dessen selbst willen wünscht. Freundschaftliches Verhalten scheint sich somit aus dem Verhalten zu uns selbst abzuleiten. Der Selbstumgang und die Selbstreflexivität werden dadurch zur Grundlage jeglicher Form von Umgang. In jeder Entscheidung tritt, nicht nur in der gegenseitigen Liebes- oder Freundschaftsaffirmation, in Rückkoppelung zum anderen, sowohl die Fragilität als auch die eigene Individualität menschlichen Lebens hervor. Sie impliziert die richtige Einschätzung des Selbst, also eine zutreffende Selbstbeurteilung.[74] Auch hierin zeigt sich wieder das doppelte Gesicht von Haltungen. Sie sind „in Ungewissheit verankerte Zusicherungen“[75]. Haltungen sind demzufolge von Bewegtheit, manchmal Irritation gekennzeichnet. Oder anders formuliert, Ausdruck von Lebendigkeit, jedoch immer mit der Rückbezüglichkeit zu uns selbst verbunden.

2.4.2.2 Humes Affekttheorie

Humes entwickelte im 18. Jahrhundert mit seinem zentralen Begriff der *sympathy* eine bedeutende Theorie, die die menschliche Fähigkeit zum Mitvollzug der Gefühle anderer als Teil des *moral sense* (moralisches Beurteilungsvermögen) in den Fokus rückt. Seine Theorie eignet sich damit nicht nur als Gegenmodell zur im Alltagsgebrauch vorherrschenden dualistischen und kognitions-betonten Tradition von *hexis* und *habitus*, sondern fügt spätestens ab diesem Zeitpunkt einem modernen Verständnis von Haltung ein wesentliches Strukturelement hinzu: die grundlegende affektive Bezüglichkeit zum anderen. Auch wenn Humes dabei den Begriff Haltung weder direkt thematisiert noch konzeptualisiert, sondern bei den Gewohnheiten (*customs*) bleibt, so kann seine Philosophie dennoch als Hinführung zu einer modernen Theorie der Haltung dienen, bei der Haltung nicht mehr

[73] Vgl. ebd., S. 115.

[74] Vgl. Kurbacher, Zwischen Personen, S. 150–168.

[75] Ebd., S. 179.

ohne Gefühlsanteil gedacht werden kann. Der Begriff der sympathy beschreibt bei Humes einen komplexen Prozess des Zusammenspiels von Gefühlen im Beziehungsgeflecht von Personen oder Gesellschaften. Indem Gefühle anderer mitvollzogen werden, findet ein laufender Prozess der Kalibrierung gegenseitiger Gefühle statt. Dieser dient als Grundlage dafür, wie wir andere verstehen, klärt aber auch über die eigenen Gefühle auf. Durch dieses affektive Resonanzgeschehen bilden sich indirekte, auf andere bezogene Emotionen aus, die sich zu Dispositionen bzw. Haltungen stabilisieren. Haltungen entstehen dementsprechend nicht nur durch Wiederholung und Gewohnheit, sondern werden affektiv immer neu mitvollzogen und geteilt. Betrachtet man Gefühle als Teilphänomen von Haltungen, wird deutlich, dass weder Haltungen noch die anteiligen Gefühle von Haltungen bloße Zustände oder *mental states* darstellen.[76] Es spannt sich vielmehr ein Raum auf, der sich durch eine permanente Wechselwirkung an eigenen Meinungen und Gefühlen mit denen anderer auszeichnet.[77]

2.4.3 Arbeitsmodell von Haltung aus der Philosophie

Reflektiert und verbindet man diese verschiedenen philosophischen Stationen, lassen sich aus dem aristotelischen Traditionsstrang der *hexis* für das Verständnis von Haltung wesentliche Gesetzmäßigkeiten ableiten. Diese werden in Abb. 2.5 im Überblick dargestellt.

1. Denken, Fühlen, Handeln sind Präsenzformen von Haltung

Haltungen sind zu verstehen als eine Einheit von menschlichem Wahrnehmen, Denken, Fühlen, Wollen und Handeln, die auf unserer Urteilskraft basiert. Urteilskraft ist im Sinne der *‚hexis prohairetike‘* als eine Kraft zu begreifen, die rationale und emotionale Kräfte vereint, Theorie und Praxis verbindet und damit keinen ausschließlich kognitiv-konzeptuellen Bezugspunkt hat. Der Prozess unseres Urteilens (Denken, Fühlen, Wollen, Wahrnehmen), der zu Verhalten führt, ist sozusagen der aktive Vollzugsmodus von Haltung.[78] Haltungen sind jedoch von unseren Erfahrungen abhängig, Erfahrungen wiederum prägen uns und verstetigen sich zu stabileren Urteilen, Werten, Verhaltensdispositionen.

---

[76] Vgl. Landweer, Hilge u. Wüschner, Philipp, Wie entsteht Gerechtigkeit?, S. 63–68.

[77] Vgl. ebd., S. 73.

[78] Vgl. Kurbacher, Zwischen Personen, S. 19.

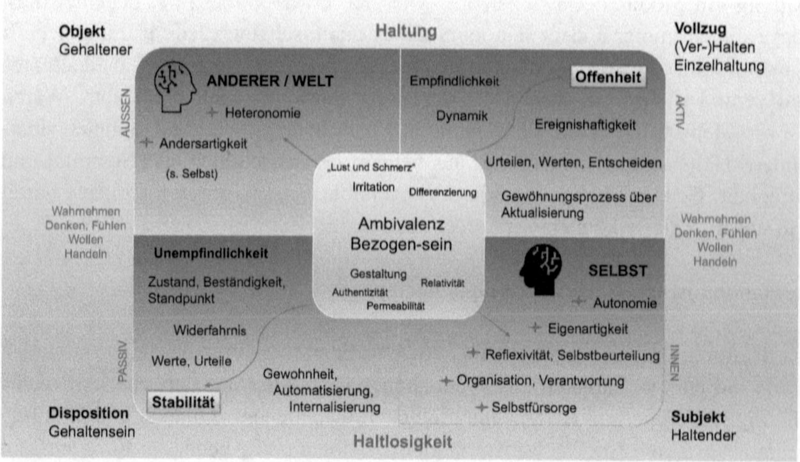

Abbildung 2.5 Die Prozesshaftigkeit und Scharnierfunktion von Haltung[79]

2. Haltung besteht aus einer Doppelbewegung

Haltungen haben eine prinzipielle Doppeldeutigkeit. Sie bilden Gegensatzpaare aus: Stabilität und Offenheit, Zustand und Dynamik, Passivität und Aktivität, Empfindlichkeit und Unempfindlichkeit, Lust und Schmerz usw. Haltungen sind Dispositionen, die durch unsere Urteilsfähigkeit und Sozialisationsprozesse entstehen, sich aber genauso im variablen Prozess des Vollzugs laufend aktualisieren. Haltung hat demnach einen evaluativen und relativen, einen abhängigen und unabhängigen Charakter.[80] Die wertende Komponente betont die Stabilität von Haltung, die aktuale impliziert die potenzielle Offenheit, auch Veränderlichkeit von Haltung in jedem Moment der Wahl bei gleichzeitiger Standpunkthaftigkeit.[81] Je differenzierter eine Haltung ist, desto seltener werden tendenziell in dieser Doppelbewegung ihre Momente der Aktualisierung.[82] Das Besondere eines Menschen ist also partiell vorbestimmt, muss aber erst im Lebensvollzug zum Ausdruck kommen, wozu auch die Sprache und die Körperhaltung gehören. Wenn

[79] Eigene Darstellung in Anlehnung an: Kurbacher, Zwischen Personen. Siehe auch Anlage 1 im Elektronischen Zusatzmaterial.

[80] Vgl. ebd., S. 357–363.

[81] Vgl. ebd., S. 363–364.

[82] Vgl. Wüschner, Gegen-Eigentlichkeit. Haltung-Indifferenz-Einsamkeit, S. 117.

Haltung ein Modus des Erscheinens (wie sich etwas verhält) ist, bedeutet dies, dass es auch immer anders sein kann als es uns erscheint. „Jede Haltung schafft Konturen einer Person, aber nicht als absolute Festlegung, sondern als deutbares und veränderliches Geschehen.“[83] Haltungen sind potenziell permeabel. Wären wir als Mensch nur offen, ohne partielle Fixierungen, wären wir komplett überfordert. Haltungswechsel sind nur aus beidem heraus möglich, aus Stabilität und Offenheit. Gelebtes Leben hinterlässt irreversible Spuren, unseren Umgang damit und unsere Urteile können wir jedoch ändern.[84]

3. Haltung ist ein Netz aus Bezüglichkeiten

Die Haltung als Vollzug kann dabei sowohl die aktive Tätigkeit eines Haltenden sowie die passive Tätigkeit eines Gehaltenen sein. Sie impliziert eine Art mehrgliedriges Gefüge aus Haltendem (Subjekt), Gehaltenem (Objekt) und Haltung. Hieraus wird eine Art Wechselverhältnis von Innen und Außen, ein Bezogen-sein in verschiedene Richtungen sichtbar: zu sich selbst, zu anderen und zur Welt. Unser menschliches Leben vollzieht sich grundlegend in Bezügen. Die Haltung einer Person besteht infolgedessen aus einer Vielzahl an konkreten Einzelhaltungen. Jede Haltung eröffnet Handlungsmöglichkeiten, eine Haltung zu bewahren, zu ändern oder die Haltung zu verlieren. Sie tragen daher eine selbstreflexive Komponente in sich und führen uns zum eigenen Selbstverhältnis.[85] Dieses entsteht dadurch, dass wir laufend im Abgleich mit möglichen Urteilen anderer uns ein Selbsturteil bilden.[86] Haltungen sind also nicht nur mentale Einstellungen, sondern bedingen einen Umgang mit etwas, jemandem, sich selbst.[87] Man könnte auch sagen unser Selbst entspricht unseren Haltungen im Sinne von Selbstorganisation und damit verbunden auch von Selbstverantwortung. Unsere Haltungen bilden den inneren Zusammenhang eines großen Wirkungskomplexes, der unser existenzielles Dasein beschreibt.[88] Dieses ist tendenziell unsicher. Darin zeigt sich auch die Polarität von Gehaltensein und Haltlosigkeit. Haltungen sind kein funktionales Lernprogramm, sondern sehr viel komplexer. Erst durch unsere Haltung sind wir in der Lage aufgrund dessen, was uns zustößt und unserer Erregung

[83] Kurbacher, Zwischen Personen, S. 371.
[84] Vgl. Kurbacher, Zwischen Personen, S. 317, 372.
[85] Vgl. Köppl, Haltung-Einstellung-Selbst (-organisation), S. 165 ff.
[86] Vgl. Kurbacher, Zwischen Personen, S. 382.
[87] Vgl. ebd., S. 318.
[88] Vgl. Köppl, Haltung-Einstellung-Selbst (-organisation), S. 167 ff.

zu handeln. Sie macht Emotionen handhabbar und kann daher als Differenzierungsleistung betrachtet werden und nicht wie in der Tugendethik als maßvolle Mitte. Man muss das, was einem zustößt ‚wollen', um nicht nur Schmerz, sondern Lust und Schmerz empfinden zu können.[89] Es braucht aber keine Lebenskatastrophe wie so oft medial repräsentiert, um seine eigene Haltung zu spüren. Letztlich ist eine grundlegende Spannung zwischen Bezüglichkeit und Individuierung im Leben eines jeden Menschen, das was den Kern von Haltung ausmacht.[90] Durch Momente der Unsicherheit, der Irritation, bei denen wir differenzieren müssen, werden wir im Laufe des Lebens authentisch. Das Dazwischen lädt uns zur Überprüfung unserer Lebensmuster ein. Haltung ist damit auch ein Prozess der Emanzipation, ein persönlicher Reifungsprozess.[91] Bezüglichkeit setzt nicht bei der Frage an wer ich bin, sondern wie ich bin.[92]

2.5 Psychologische Perspektiven

Die Psychologie stellt eine der wichtigsten Ressourcen für die Mediation als Schnittstellenwissenschaft und interdisziplinäres Arbeitsfeld dar. Mediatoren lösen zwar keine Konflikte für ihre Medianden, sie leiten aber einen tieferen Verstehensprozess von Konflikten ein, durch den die Beteiligten zu neuen Einsichten und optionalen Handlungsweisen kommen sollen. Sie stoßen durch ihre eigene mediative Haltung im Verfahrensablauf oftmals erste Haltungsänderungen an. Kenntnisse von intra- und interpsychischen Vorgängen sind daher hilfreich. Wissen, das überwiegend im Fach Psychologie verankert ist.[93] Gerade von Vertretern des transformativen Mediationsansatzes wie Montada wird seit vielen Jahren eine stärkere interdisziplinäre Zusammenarbeit mit der Psychologie befürwortet, um das Potenzial der Mediation im Hinblick auf eine weitere Professionalisierung auszuschöpfen.[94] Die Fragestellungen von Haltungs- und Charaktererwerb sowie ihrer autonomen und heteronomen Anteile, deren Bogen im vorherigen Kapitel der Philosophie versucht wurde von der Antike, über das Mittelalter bis in die Aufklärung zu spannen, gehen im Laufe des 18. Jahrhunderts auf das neu

[89] Vgl. Wüschner, Gegen-Eigentlichkeit. Haltung-Indifferenz-Einsamkeit, S. 113 ff.

[90] Vgl. Wüschner, Gegen-Eigentlichkeit. Haltung-Indifferenz-Einsamkeit, S. 109.

[91] Vgl. Kurbacher, Zwischen Personen, S. 372.

[92] Vgl. ebd., S. 116.

[93] Vgl. Montada, Leo/Kals, Elisabeth: Mediation. Psychologische Grundlagen und Perspektiven. Weinheim/Basel 2013, S. 13 ff.

[94] Vgl. Montada/Kals, Mediation, S. 17.

aufkommende Fach der Psychologie über und werden ab da in der Philosophie zunehmend marginalisiert.[95] Ziel dieses Kapitels ist es, das aus der Philosophie entwickelte Arbeitsmodell von Haltung, explorativ mit weiteren Erkenntnissen aus dem Fach Psychologie anzureichern und zu überprüfen. Besonders relevant sind dabei das Zusammenwirken der einzelnen Haltungskomponenten aus Denken, Fühlen, Handeln, das Zustandekommen von Haltungswechseln und die Entwicklung von Haltung. Haltung wird weiter zunächst als allgemeines Phänomen betrachtet, aber im Sinne der Bezüglichkeit als eines, das für Haltungssubjekt wie -objekt, Mediator wie Medianden wechselseitig relevant ist. Dabei wird Schritt für Schritt die Mediation ins Blickfeld gerückt, um in Kapitel 3 an die Haltung in der Mediation als professionelle Rolle anzuknüpfen.

2.5.1 Die zentrale Suche menschliches Verhalten zu erklären

Die psychologische Grundlagenforschung hat sich als Einzelwissenschaft Ende des 19. Jahrhunderts aus der Philosophie, vor allem der Erkenntnistheorie mit ihrer wissenschaftlichen Untersuchung des Bewusstseins, als Erfahrungswissenschaft verselbständigt.[96] Erst in der zweiten Hälfte des 20. Jahrhunderts hat sich die Psychologie als praktischer Berufszweig mit Berufspsychologen entwickelt.[97] Im selben Zeitraum konkurrierten drei theoretische Richtungen um ihre Vorherrschaft, welches die richtige Grundannahme für das Erklären menschlichen Verhaltens sei: der Behaviorismus, als Lehre vom Verhalten und seiner Anpassung an die Umwelt, die von Freud und Jung geprägte Tiefenpsychologie, als Lehre des Unbewussten und der Irrationalität des menschlichen Denkens und Verhaltens und der Kognitivismus als Lehre vom Bewusstsein.[98] Nach und nach vollzieht sich ein teilweise als „Kognitive Wende“[99] bezeichneter Paradigmenwechsel von der behavioristischen Orientierung, die Verhalten als reine konditioniertes Reiz-Reaktions-Muster erachtet, zur kognitiven Psychologie. Diese beschäftigt sich wiederum genau mit den Prozessen, die zwischen Reiz, Erleben und Verhalten liegen: den Prozessen der Informationsverarbeitung (Wahrnehmen bis

---

[95] Vgl. Kurbacher, Zwischen Personen, S. 55–56.

[96] Vgl. Schönpflug, Wolfgang: Geschichte und Systematik der Psychologie. Weinheim 2013, S. 241.

[97] Vgl. ebd., S. 404.

[98] Vgl. ebd., S. 285.

[99] Lück, Helmut E.: Dorsch Lexikon der Psychologie. Kognitive Wende (https://dorsch-hogrefe-com.ub-proxy.fernuni-hagen.de/stichwort/kognitive-wende#search=39ed518bfafee4aba73a9acca5bbb19e&offset=15, zuletzt aufgerufen am 10.06.22).

Denken, Lernen), also den mentalen (bewussten und unbewussten) Prozessen, den sogenannten Verhaltensdispositionen. Kognition wird meist von Emotion und Motivation unterschieden, obgleich sich diese beeinflussen. Kognition ist dabei im Sinne des Kognitivismus kein Abbild der Wirklichkeit, sondern eine Inferenz von aufbereitetem Wissen, das aufgrund von logischen Schlussfolgerungen gewonnen wurde und daher unsicher ist.[100] Die kognitive Psychologie ist Teil der Allgemeinen Psychologie. Diese untersucht grundlegende allgemein gültige Prinzipien psychischer Funktionen und wird in die Bereiche Kognition, Emotion und Motivation unterteilt. Sie bildet die zentrale Grundlagenforschung für viele weitere Teilbereiche der Psychologie.[101] Auf der Wende zur kognitiven Orientierung der Psychologie basiert auch der Beginn der Verhaltenstherapie, die auf eine Analyse und Modifikation von prädisponierendem Verhalten abzielt und sich aus den Lerntheorien ableitet. Dieser intensive Wettbewerb der Theorien ist gleichermaßen als doppelte Suche der Psychologie als Wissenschaft zu verstehen, menschliches Erleben und Verhalten (Wahrnehmen, Denken, Fühlen, Handeln) ähnlich wie in der Philosophie, aus der sie hervorgegangen ist, richtig zu erklären.[102]

2.5.2 Das Einstellungskonzept der Psychologie

Sucht man den Begriff Haltung in der Psychologie, so stellt man fest, dass der Begriff dort heute veraltet ist. In Bezug auf dem von Kurbacher proklamierten modernen Haltungskonzept von „Denken, Fühlen, Handeln" als ein intra- und interpersoneller Prozess ist er durch die wissenschaftliche Ausdifferenzierung der Psychologie im 20. Jahrhundert in unterschiedlichen, teils überlappenden Bereichen der Psychologie vor allem unter dem Begriff der *Einstellung* verortet.[103] Allerdings spielt der Begriff Haltung in der praktischen Psychologie als professionelle Rolle in Form der psychotherapeutischen Haltung oder der Haltung in anderen psychosozialen Beratungsberufe eine wichtige Rolle. Sucht man Anknüpfungspunkte zum philosophischen Haltungskonzept kann man erst

[100] Gigerenzer, Gerd: Dorsch Lexikon der Psychologie. Kognition (https://dorsch-hogrefe-com.ub-proxy.fernuni-hagen.de/stichwort/kognition#search=021f74c1bfbe23010cf96aadfcc69b48&offset=0, zuletzt aufgerufen am 10.06.22).

[101] Spada, Hans/Kiesel, Andrea: Dorsch Lexikon der Psychologie. Allgemeine Psychologie (https://dorsch-hogrefe-com.ub-proxy.fernuni-hagen.de/stichwort/allgemeine-psychologie#search=1c9b41445b4e08f74221840ec5e82347&offset=0, zuletzt aufgerufen am 10.06.22).

[102] Vgl. Schönpflug, Geschichte und Systematik der Psychologie, S. 285.

[103] Vgl. Garms-Homolová, Vjenka: Sozialpsychologie der Einstellungen und Urteilsbildung. Lässt sich menschliches Verhalten vorhersagen? Berlin/Heidelberg 2020, S. 8–9.

mal folgendes feststellen: In der Sozialpsychologie, mit der die Einstellungsforschung begannt, als auch in der Persönlichkeitspsychologie überwiegen die subjektbezogene Sichtweise sowie die relativ stabilen Anteile von Einstellung. In der neuen Entwicklungspsychologie jedoch nimmt die Veränderlichkeit über die ganze Lebensspanne eine zunehmende Bedeutung ein. Um neue Zugänge zur Haltung in der Mediation zu knüpfen, lohnt sich der Blick in die Psychologie aus zwei Gründen: Der Mediator muss sich nicht nur mit Einstellungskonflikten auseinandersetzen und diese in ihrer Dynamik und ihrem Kontext verstehen, er muss auch seine eigene empathische Grundhaltung auf das Wahrnehmen der Einstellungen der Medianden (denken, fühlen, handeln) im Laufe der Mediationsphasen ausrichten sowie seine Interventionen. D. h. er muss in irgendeiner Form die hinter den Einstellungen einer Person verborgenen Interessen, Motive, Bedürfnisse, Werte einer Person einordnen und differenzieren können.

2.5.2.1 Einstellungen als Verhaltensdispositionen

Lange wurde zwischen 1930 und 1960 in der ersten Blütezeit der Sozialpsychologie versucht, durch eine Vielzahl an Studien die Beziehung von Einstellung (engl. *attitude*) und Verhalten zu erforschen und mechanistisch zu interpretieren. Dabei wurde versucht nachzuweisen, dass bestimmte Einstellungen zu erhöhter Häufigkeit bestimmter Verhaltensweisen führen, um Verhaltensprognosen u. a. für die aufkommende Konsumforschung und Marketing zu erstellen. Dieser Mechanismus konnte jedoch bis heute empirisch nicht eindeutig nachgewiesen werden. Klar ist zumindest, dass Einstellung und Verhalten miteinander korrelieren (*attitude-behavior-relation*), es aber kein einfaches ‚Ursache-Wirkungsprinzip' oder gar eine ‚Vorhersagefunktion' in der Beziehung beider Phänomene gibt.[104] Neben erworbenen und erlernten Komponenten (Sozialisation) beinhalten Einstellungen eine Vielzahl unbewusster Mechanismen sowie genetische Einflüsse, die die Persönlichkeit prägen. Interessant ist jedoch, dass die Behavioristen herausgefunden haben, dass die Korrelation auch umgekehrt funktioniert und durch verändertes Verhalten, sich vielfach auch die Einstellung eines Menschen verändert. Das Konzept einer ‚verhaltensorientierten Einstellung' wurde damit fallen gelassen. Dies erklärt, warum in den meisten Definitionen der Psychologie hauptsächlich von Dispositionen und nicht von Verhalten (im Sinne eines Haltungsvollzugs) gesprochen wird. Uneinigkeit besteht weiterhin darin, ob Einstellungen auch mit Persönlichkeitsmerkmalen, sogenannten ‚traits' gleichgesetzt werden können. Dies ist Forschungsgegenstand der heutigen Persönlichkeitspsychologie, wo versucht wird, die Verbindung zu den (relativ) stabilen Eigenschaften von

---

[104] Vgl. Garms-Homolová, Sozialpsychologie der Einstellungen und Urteilsbildung, S. 17.

Einstellungen zu ziehen, die den meisten Definitionen von *Einstellungen* innewohnen. Die Abgrenzung und Zuordnung von Einstellungen und Eigenschaften zur Sozialpsychologie oder Persönlichkeitspsychologie ist theoretischer Natur. Letztlich handelt es sich um dasselbe Phänomen, das lediglich von zwei Fachbereichen mit unterschiedlichen Begriffen ausdifferenziert und aus unterschiedlicher Perspektive betrachtet wird. Relativ einig ist man sich heute auch in der Psychologie, dass Einstellungen und Eigenschaften zusammen mit Gefühlen und Verhalten und deren neuropsychologischen Grundlagen eine Einheit bilden.[105]

2.5.2.2 Strukturmodell der Einstellungen

Eine allgemeingültige Verwendung für den Begriff der Einstellung gibt es in der Psychologie nicht, sondern viele verschiedene Definitionen. Die bekannteste Einstellungsdefinition aus der Sozialpsychologie ist das *Drei-Komponenten-Modell von Rosenberg und Hovland* von 1960, das auch als ‚Strukturmodell der Einstellungen' bezeichnet wird. Interessant dabei ist die gewählte Typologie von Einstellungen, die eine Gewichtung nach der dominierenden Komponente ausdrückt. So gibt es erstens *intellektuelle (kognitive) Einstellungen*, die auch als *evaluativ, wertende Einstellungen* bezeichnet werden. Dies sind Meinungen, Überzeugungen, Glaubensgrundsätze und ihre verbalen Bewertungen sowie auch Wissen und Verstehen. Zweitens gibt es *affektive (emotionale) Einstellungen*. Diese umfassen gefühlsbetonte Bewertungen, Vorlieben oder subjektive Befindlichkeiten wie Wohlfühlen/Unwohlfühlen in Bezug auf etwas oder andere Personen. Drittens gibt es verhaltensorientierte (koniative) Einstellungen, die sogenannten Verhaltensabsichten. Die Betonung der dominierenden Komponente erklärt, warum Einstellungen im Sprachgebrauch oft variabel mit Gedanken, Gefühlen oder Verhalten gleichgesetzt werden.[106]

2.5.2.3 Einstellungsänderung

Man spricht zudem von konsistenten (homogen) und inkonsistenten (ambivalenten) Einstellungen. Einstellungen sind häufig inkonsistent. Dabei widersprechen sich die affektive und die kognitive Komponente oder umgekehrt. Ich weiß beispielsweise, dass Spinat gesund ist, mag ihn aber nicht. Esse ich trotzdem Spinat, überwiegt die kognitive Komponente. Konsistente Einstellungen sind tendenziell instabiler und leichter beeinflussbar. Hinzu kommen implizite Einstellungen, die jeder Mensch ausdrückt, ohne sich dessen bewusst zu sein und die auf automatischen Bewertungsprozessen basieren. Bei diesen ist die evaluative

[105] Vgl. Garms-Homolová, Sozialpsychologie der Einstellungen und Urteilsbildung, S. 7–9.
[106] Vgl. ebd., S. 9.

(kognitive) Bewertung im Vergleich zur affektiven (positiv oder negativ) unterrepräsentiert.[107] Wichtig ist in diesem Zusammenhang zu wissen, dass Menschen grundsätzlich bestrebt sind, ihre Einstellungen und ihr Verhalten in Einklang zu bringen. Dies zielt darauf ab, Widersprüchlichkeiten zwischen affektiver, kognitiver Komponente und Verhalten bzw. auch Widersprüche zwischen verschiedenen Kognitionen möglichst klein zu halten. Die bekannteste unter den sogenannten Konsistenztheorien ist die *Theorie der kognitiven Dissonanz von Festinger*. Er fand heraus, dass Menschen sich nicht nur unwohl fühlen, sondern leiden und sich in einem Zustand des inneren Konfliktes befinden, wenn ihr Wahrnehmen, Fühlen, Denken und Handeln nicht miteinander übereinstimmen. Dies ist der Fall, wenn wir gegen unsere Werte, Überzeugungen oder gegen unser besseres Wissen handeln.[108] Diese Dissonanz löst einen als unangenehm empfundenen Affekt (z. B. Empörung, Ärger) sowie das Bestreben nach Dissonanzreduktion aus, vorausgesetzt wir haben Wahlfreiheit. Das klassische Beispiel ist der Raucher, der trotz Wissen um das statistische Krebsrisiko weiter Zigaretten konsumiert. Dissonanzreduktion kann durch unterschiedliche Mechanismen erfolgen: direkt, durch die Änderung der eigenen Wahrnehmung (Trivialisierung, Rationalisierung, Hinzufügen positiver Aspekte) oder des eigenen Verhaltens. Indirekt, über die Aufwertung des eigenen Selbstwertgefühls.[109] Einstellungskonflikte und Konsistenzbestreben sind aber nicht nur intrapersonal, sondern auch interpersonal. Sie sind deshalb zentrales Thema in der Mediation in Bezug auf ein tieferes Konfliktverstehen und Lösungsoptionen. In der Sozialpsychologie wird von *unbalancierten Triaden* gesprochen, wenn zwei Personen eine positive Beziehungseinstellung zueinander haben (+), aber unterschiedliche Einstellungen (-) in Bezug auf ein Einstellungsobjekt haben oder umgekehrt. Dies wird exemplarisch aus Abb. 2.6. ersichtlich. In dem Beispiel mögen sich beiden Personen, der eine mag Golf, der andere nicht. Einstellungsänderungen vollziehen sich dann, wenn entweder die Beziehung überdacht wird oder die Einstellung zum Einstellungsobjekt.[110]

Oftmals ist es den Parteien in Konflikten jedoch gar nicht möglich, ihre Vorstellungen klar zu benennen, wodurch eine produktive Reaktion auf Dissonanzen in Form einer Neujustierung von Einstellungen (Angleichung von Schema

---

[107] Vgl. Garms-Homolová, Sozialpsychologie der Einstellungen und Urteilsbildung, S. 10.

[108] Vgl. ebd., S. 19.

[109] Vgl. Werth, Lioba/Denzler, Markus/Mayer, Jennifer: Sozialpsychologie – das Individuum im sozialen Kontext. Wahrnehmen – Denken – Fühlen. Berlin/Heidelberg 2020, S. 262 ff.

[110] Vgl. ebd., S. 260 ff.

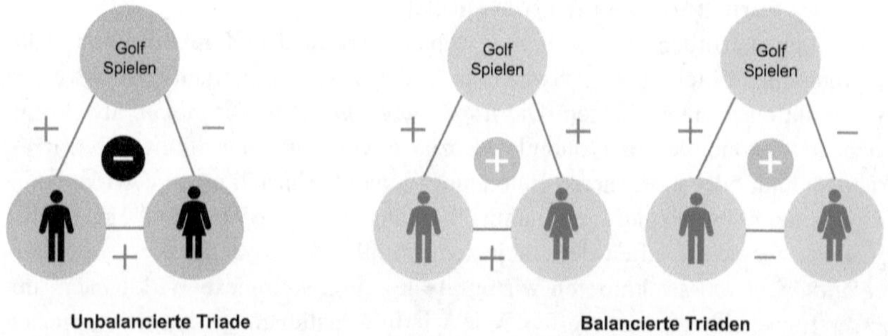

Abbildung 2.6 Unbalancierte Triaden und Einstellungsänderungen[111]

und Umwelt) ausbleibt.[112] Umso wichtiger ist es für den Mediator, sich mit den Prozessen von Einstellungsentstehung und -änderung zu befassen, auch um abschätzen zu können, wo eventuell die Grenzen der Mediation liegen. Neben Konsistenzbestreben, genetischen Einflüssen und einer Vielfalt an Lernprozessen werden heute in der Sozialpsychologie noch weitere Mechanismen genannt, die zur Bildung und Änderung von Einstellungen führen können. Dazu gehören die persuasive Kommunikation durch bestimmte inhaltliche Botschaften sowie die Art der Kommunikation mit Aspekten der Glaubwürdigkeit, paraverbaler Kommunikation, Sympathie und generell der Einfluss von Emotionen. Aber auch die eigene Selbstwahrnehmung und der körperliche Aspekt des Bodyfeedback, das Verstärken oder Abschwächen im Erleben affektiver Reaktionen durch Körperhaltung oder Mimik finden mittlerweile Niederschlag in der Fachliteratur.[113] Aspekte, die in den ursprünglichen Definitionen zu Beginn der Einstellungsforschung in der zweiten Hälfte des 20. Jahrhunderts überwiegend unbeachtet blieben.

[111] Eigene Darstellung in Anlehnung an: Werth/Denzler/Mayer, Sozialpsychologie – das Individuum im sozialen Kontext, S. 261.

[112] Vgl. Schmidt, Klaus: Entstehung und Bearbeitung von Konflikten. In: Handbuch Mediation. Methoden und Technik, Rechtsgrundlagen, Einsatzgebiete, hrsg. von Fritjof Haft und Katharina von Schlieffen. München 2016, S. 209–224, hier: S. 217–218.

[113] Vgl. Werth/Denzler/Mayer, Sozialpsychologie – das Individuum im sozialen Kontext, S. 255–284.

2.5.2.4 Funktionen von Einstellungen

Einstellungen erfüllen für das Haltungssubjekt verschiedene Funktionen und hängen mit seinem individuellen System an Bedürfnissen zusammen. Dabei werden vier Funktionen unterschieden: Die *Anpassungs- und Abwehrfunktion* als Gegensatzpaar (Autonomie, Heteronomie). Sozial erwünschte Einstellungen bewirken Anerkennung oder maximieren Belohnung, negative Einstellungen bewirken eine Abwertung, Abgrenzung und damit Stärkung der „Ich-Funktion“ gegenüber Personen, Gemeinschaften oder Objekten. Mithilfe der *Orientierungs- und Interpretationsfunktion* strukturieren wir unsere jeweilige komplexe Wirklichkeit, um besser Entscheidungen zu treffen. Wie wir Informationen wahrnehmen, suchen und Wissen erwerben, wird dabei selektiv durch unsere Einstellungen gesteuert. Die vierte Funktion dient dem Ausdruck der eigenen Identität, indem wir unsere Einstellungen, Wertorientierungen äußern und wird daher *expressive Funktion* oder *Wertausdrucksfunktion* genannt. Auch in der Definition der Einstellung wird von einer Art ‚Energiesparfunktion‘ gesprochen, die das Ausführen von Urteilen beschleunigen. Um Einstellungen zu ändern oder zu stabilisieren, kann es hilfreich sein, deren Funktion zu kennen, wobei die Grenzen in der Typologie immer fließend sind.[114] Ihre übergeordnete Funktion ist, zwischenmenschliche Beziehungen zu steuern. Einstellungen können kurzfristig, veränderbar und wieder aufhebbar sein oder eine längerfristige Orientierung einer Person in Bezug auf Personen, Dinge oder soziale Gruppe sein. Darin zeigt sich wieder die Variabilität von Einstellungen über stabile und instabile Anteile sowie ihre Ambivalenz, die zu Einstellungskonflikten und inkonsistentem Verhalten führen kann.[115]

2.5.2.5 Was Verhalten motiviert

Sowohl die Sozial,- als auch die Persönlichkeitspsychologie (sowie Emotions-, Motivationspsychologie als Unterbereich) beschäftigen sich nicht nur mit der Frage, was Verhalten steuert, sondern auch damit, was Verhalten motiviert und unseren Einstellungen sowie unserer Persönlichkeit zugrunde liegt. Die Vielzahl an Persönlichkeitsmodellen ist in der Mediation nur bedingt von Nutzen. Eines der bekanntesten auf dem Eigenschaftsparadigma basierenden Modelle sind die *‚Big Five-Faktoren‘*, die auch in der Mediation immer wieder erwähnt werden.[116] Sie basieren

[114] Vgl. Garms-Homolová, Sozialpsychologie der Einstellungen und Urteilsbildung, S. 10–11.

[115] Vgl. ebd., S. 3.

[116] Vgl. Lutschewitz, C.: Der Mediations-Faktor: innere Haltung und Mediation. Anregungen zur Entwicklung von Bewusstheit und Persönlichkeit. Hamburg 2018, S. 85.

auf den fünf Dimensionen Gewissenhaftigkeit, Extraversion, Offenheit, Verträglichkeit, Neurotizismus/emotionale Stabilität.[117] Solche Persönlichkeitsprofile sind zwar einfach, enthalten aber auch die Gradwanderung zur Alltagspsychologie. Egal ob wir Psychologen oder Nichtpsychologen sind, stützen wir uns aufgrund kulturell tradierter Überzeugungen intuitiv auf Dispositionen zur Beschreibung von Verhaltensregelmäßigkeiten, sowie zur Erklärung und Vorhersage von Verhalten. Wir versuchen also genau das herzustellen, was in der wissenschaftlichen Psychologie empirisch nicht möglich ist, nämlich von mittelfristig stabilen Eigenschaften auf Verhalten zu schließen und damit die Persönlichkeit des anderen zu umreißen.[118] Leider dominiert die Alltagspsychologie auch Wissenschaft und Berufspraxis.[119] Was die funktionsorientierte Gliederung von Persönlichkeit anbelangt, hat sich bis heute kein Schema allgemein durchgesetzt. Man kann sich jedoch an den traditionellen Forschungszweigen der Persönlichkeitspsychologie orientieren und diese unter ein gemeinsames Dach zusammenbringen.[120] Die sich daraus ergebenden Persönlichkeitsbereiche, wie in Abb. 2.7 dargestellt, können dabei helfen, die verschiedenen in der Mediation gebräuchlichen Begriffe von Interessen, Motiven, Bedürfnissen, Werten im Gesamtkonstrukt von Persönlichkeit und Einstellung besser einzuordnen.

Werte sind meist abstrakt und kognitiv repräsentiert. Sie sind wünschenswerte Handlungsleitlinien. Einfach gesagt, drücken sie aus, was einem grundlegend im Leben wichtig ist. Die grundlegenden Werte sind für alle gleich, aber unterschiedlich stark ausgeprägt. Sie sind uns zudem nicht immer bewusst, was den Austausch über sie erschwert. Wertemodelle werden in einer Zwei-Dimensionalität aus Wachstum/Offenheit und Stabilität/ Bewahren von Bestehendem dargestellt.[121] Auch hier zeigt sich die Doppeldeutigkeit als Grundprinzip menschlichen Daseins. *Normen, Regeln* (oder Prinzipien wie in der Mediation) leiten sich von Werten ab und sind konkreter, sie drücken einzelne Erwartungen aus und sind als Imperativ zu verstehen. *Präferenzen* stellen einen Mix aus Persönlichkeitsmerkmalen, Motiven und Werten dar. Sie drücken individuelle Vorlieben aus, hinter denen sich aber auch wünschenswerte Zustände verbergen. Die Übergänge sind also fließend. Zusammen mit den *Einstellungen* bilden

[117] Vgl. Neyer, Franz J./Asendorpf, Jens B.: Psychologie der Persönlichkeit. Berlin, Heidelberg 2017, S. 109.

[118] Vgl. Neyer/Asendorpf, Psychologie der Persönlichkeit, S. 2–4.

[119] Vgl. ebd., S. 22.

[120] Vgl. ebd., S. 137.

[121] Vgl. Strukturmodell individueller Werte nach Schwartz: Bilsky, In: Sozialpsychologie und Werte. Beiträge des 23. Hamburger Symposions zur Methodologie der Sozialpsychologie, hrsg. v. Erich H. Witte. Lengerich/Berlin/Bremen/Viernheim/Wien 2008, S. 67.

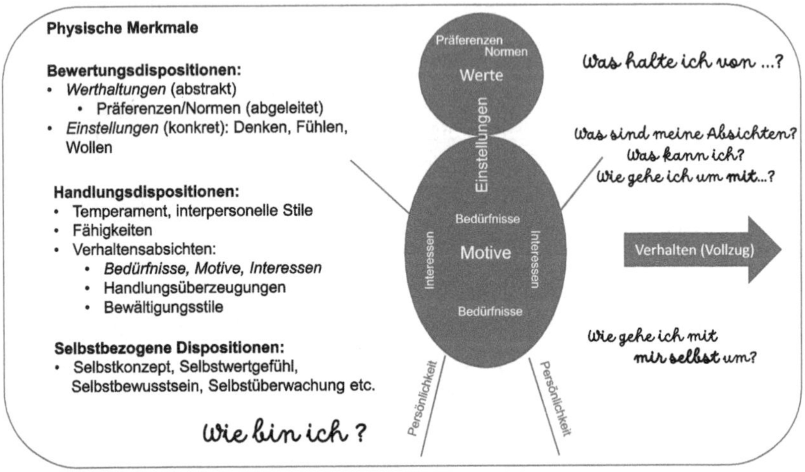

Abbildung 2.7 Persönlichkeit – Wie bin ich?[122]

sie die Bewertungsdispositionen. Diese sind von den Handlungsdispositionen abzugrenzen: *Bedürfnisse* beziehen sich auf Defizitmotive wie Grundbedürfnisse, Sicherheitsmotive, soziale Motive wie Ich-Motive oder Wachstumsmotive wie Selbstverwirklichung. *Motive* sind universeller zu sehen und noch tiefliegender als konkrete einzelne Bedürfnisse.[123] *Interessen* sind konkrete bewusste Verhaltensziele, die man auf Motive zurückbeziehen kann. Bedürfnisse, Motive und Interessen bestimmen die Zielrichtung unseres Verhaltens, während Temperament und Fähigkeiten sich auf die Verhaltensform beziehen.[124] Zusammen mit unseren physischen Merkmalen und unserem Selbstkonzept[125] bestimmen diese individuellen Eigenschaften unser Verhalten.

[122] Eigene Darstellung in Anlehnung an: Frey, Dieter: Psychologie der Werte. Berlin, Heidelberg 2016, S. 9; Neyer/Asendorpf, Psychologie der Persönlichkeit, S. 135–218. Siehe auch Anlage 2 im Elektronischen Zusatzmaterial.

[123] Vgl. Frey, Psychologie der Werte, S. 6–10.

[124] Vgl. Neyer/Asendorpf, Psychologie der Persönlichkeit, S. 174.

[125] Vgl. ebd., S. 214 ff.

2.5.3 Die Frage der Persönlichkeitsentwicklung

Nach dem Einblick in das Einstellungskonzept, die Funktionen und Mechaniken von Einstellungsänderungen sowie die Einbettung von Einstellung in die Persönlichkeitsbereiche, stellt sich in Bezug auf das Weitere Erforschen der Haltung die Frage, wie die Psychologie das Thema Persönlichkeitsentwicklung einordnet. Kann man Haltung als Selbst aktiv entwickeln oder entwickelt oder entfaltet sich eher passiv etwas. Wie kann man Entwicklung erklären? Für die Mediation schließt sich die Frage an, kann man Haltung, Persönlichkeit, sich selbst überhaupt entwickeln oder entfaltet sich Haltung einfach? Auch in der Entwicklungspsychologie werden nach den klassischen Entwicklungstheorien wie von Freud, die in vorprogrammierten Phasen bis zum Erwachsenenalter verlaufen und damit ‚Ent-wicklung' eigentlich abgeschlossen ist, in der zweiten Hälfte des 20. Jahrhunderts unterschiedliche Erklärungslinien verfolgt. Die eine stellt die Sozialisation als Haupteinflussfaktor in den Vordergrund, die andere das genetische Erbe, die dritte den aktionalen Faktor von Selbstgestaltung inklusive der wechselseitigen Beeinflussung aller Faktoren.[126] Allgemein kann man von kontextuellen Einflüssen sprechen. Das sind kulturelle Einflüsse, an die wir uns schlichtweg anpassen müssen. Individuelle Einflüsse sind Erlebnisse, also unsystematische Einflüsse, die unsere individuelle Biografie bestimmen und die uns zu der Person machen, die wir geworden sind und noch werden. Kontextuelle und individuelle Einflüsse sind beide einmalig und unterscheiden sich daher von universellen Einflüssen. Sie eignen sich gleichzeitig aber nicht für eine allgemeine Theorie. Universelle Einflüsse steuern Entwicklung bei allen Menschen in gleicher Art und Weise. Neue Lehrbücher gehen daher weg von rein diagnostischen, beschreibenden Perspektiven wie der Veränderung nach Lebenspannen und gehen dazu über, mehr die Prozesse und Mechanismen in den Blick zu nehmen, die Entwicklung antreiben und gestalten. Dabei rückt Entwicklung im Fachbereich der Psychologie als ein Phänomen in den Fokus, bei dem eine Doppelbewegung von Stabilität und Veränderung vollzogen wird, in der das eine das andere bedingt, also kein Gegensatzpaar ist. Veränderung findet nämlich auch dann statt, wenn äußerlich erst mal gar keine Veränderungen sichtbar sind im Verhalten, Erleben oder in den Überzeugungen. Trotzdem findet laufend eine Informationsverarbeitung in vielfältigen Bezügen statt. Auch Stabilität ist daher ein wichtiger Bestandteil von Veränderung. Sie wird auch als Spezial- oder Grenzfall von Veränderung bezeichnet. Die Stabilität in einem Bereich, entsteht durch Variabilität in einem

[126] Vgl. Greve, Werner/Thomsen, Tamara: Entwicklungspsychologie. Eine Einführung in die Erklärung menschlicher Entwicklung. Wiesbaden 2019, S. 12–13.

anderen Bereich. Somit sind beide gleichermaßen Teil von Entwicklung. Dieses Ausgleichssystem hat eine wichtige Funktion u. a. für unser Wohlbefinden und unser Überleben. Unsere menschliche Aufmerksamkeit wird generell mehr von Veränderung als von Unbeweglichkeit geweckt. Daher liegt unser Augenmerk meist immer mehr auf Veränderung.[127] Entwicklungsverläufe sind maßgeblich durch Entwicklungsaufgaben strukturiert. D. h. durch Probleme oder Herausforderungen, die sich für ein Individuum persönlich, beruflich zu bestimmten Zeitpunkten oder Lebensphasen über die gesamte Lebenspanne stellen. Es gibt drei Entwicklungsarten, die sich in ihrer Verbindlichkeit unterscheiden: biologische, soziale und autonome.[128] In diesem Zusammenhang wird insbesondere von psychosozialen Krisen gesprochen, die für eine Person in ihrer Entwicklung bedeuten, im Rahmen ihrer individuellen und kontextuellen Bedingungen einen Weg zwischen Polaritäten (bspw. Vertrauen vs. Misstrauen, Intimität vs. Isolierung usw.) und somit einen gesunden Entwicklungspfad für sich zu finden.[129] Bei der sozialen Entwicklung müssen wir uns überwiegend an unsere soziale Umgebung anpassen, dazu gehören auch präskriptive Normen, die Verhalten regulieren.[130] Bei der autonomen Entwicklung werden wir zum Mitgestalter unserer Entwicklung, in dem wir uns bewusst gewählte Aufgaben oder Ziele setzen mit der Intention, uns in bestimmter Weise zu entwickeln. Wir bleiben aber immer nur Co-Produzenten unserer Entwicklung, da es niemals eine Garantie dafür gibt, dass eine intendierte Entwicklung auch so verläuft. Je ‚erwachsener' wir sind, in der Lage sind, ernsthafte Entwicklungsziele für uns auszumachen und gelernt haben, wie wir diese verfolgen, sind wir auch in der Lage durch unsere Entscheidungen Einfluss auf unsere Entwicklung zu nehmen. Dazu gehört auch eine gute Portion Selbstregulation im Sinne von: So bin ich, so möchte ich sein, so mag ich mich, was auf die Selbstbezüglichkeit verweist. Unser Selbst quasi als Entwicklungsergebnis. Die differenzierten Strukturen im Selbstbild eines Erwachsens entfalten sich nach und nach mit der reflexiven Selbstbetrachtung.[131] Erwachsen sein könnte man damit auch definieren als eine „vorläufige, aber doch hinreichend klare und differenzierte Vorstellung davon entwickelt zu haben, wer man ist, sein könnte, sein möchte, sein sollte."[132] All diesen Überlegung liegt also

[127] Vgl. Greve/Thomsen, Entwicklungspsychologie, S. 8–11.

[128] Vgl. ebd., S. 25 ff.

[129] Vgl. ebd., S. 44 ff.

[130] Vgl. ebd., S. 61–62.

[131] Vgl. Greve/Thomsen, Entwicklungspsychologie, S. 141–158.

[132] Ebd., S. 162.

zugrunde, dass menschliche Veränderung einen Anlass braucht und Herausforderungen der ‚Motor für Entwicklung' sind.[133] In Summe lässt sich auch im Bereich der Entwicklungspsychologie nur eine strukturelle, aber keine inhaltliche Zwangsläufigkeit von Entwicklung konstatieren.[134] Innen-, Außensteuerung, Doppelbewegung bzw. Bedingung von Stabilität- und Veränderung sind Teil von Entwicklung.

2.6 Zwischenreflexion und Ausblick auf die Mediation

Das einseitige Bild von Haltung im Alltagsverständnis mit Blick auf Festigkeit und normativ Tugendhaftem, sowie ihr kreatives Potenzial in Sprache und Ausdruck werden in der Philosophie durch das Rekonstruieren verschiedener Traditionslinien eindrücklich aufgelöst. Fragt man nun, was Haltung ist – könnte man konstatieren: Haltung ist eine Beziehung zu etwas, zu Anderen und zu sich selbst. Sie ist ein grundlegendes habituelles menschliches Bezogen-sein, das neben dem Aspekt von Wahl und eigenständiger Stellungnahme, als ein Vollzug anzusehen ist, der notwendig ein flexibles und performatives Moment enthält.[135] D. h. Haltung drückt sich durch eine Sprachhandlung aus oder manifestiert sich zunächst als Körperhaltung. Haltung ist gleichzeitig eine Art Grundbefindlichkeit wie wir mit unserem Denken und Fühlen in der Welt sind, die vor jedem Haltungsvollzug bereits da ist. Man kann diese nach Dispositionen wie wir werten und handeln, nach Charakter, Temperament usw. sowie wie wir uns selbstreflektierend beurteilen, unterteilen. Haltung aktualisiert sich in verschiedenen Einzelhaltungen und unterliegt einem permanenten affektiven und ambivalenten Kalibrierungsprozess mit Anderen und der Welt. Sie sagt viel darüber aus, wie wir den eigenen und den Affekten Anderer begegnen, wie wir in Relation zu uns Selbst und Anderen stehen und uns verhalten. Die Struktur ist also einfach, in der Praxis jedoch ein komplexes Konstrukt aus psychischen Prozessen, die im Fach der Psychologie wiederum in schwer fassbare Einzelteile, Konzepte und Perspektivierungen zerfallen. Auch wenn Einstellungen und Verhalten eine Einheit bilden, so gibt es keine einfachen Ursache-Wirkungszusammenhänge. Auch nicht im Kontext von „Haltungen in der Mediation". Dass in der Haltung eine Art „Analysefunktion" liegt, ist auch in der Psychologie über die Theorien der kognitiven

[133] Vgl. ebd., S. 59–60.

[134] Vgl. ebd., S. 136.

[135] Vgl. Kurbacher, Interpersonalität zwischen Autonomie und Fragilität, S. 151 ff.

Dissonanzen und Einstellungskonflikte gut nachvollziehbar. Die neue Entwicklungspsychologie bestätigt – die Entwicklung unserer Persönlichkeit entsteht aus der Doppelbewegung bzw. entfaltet sich daraus. Für die Haltungsentwicklung in der Mediation kann es daher keine funktionalen Lernprogramme geben. Dennoch ermöglicht das explorativ Erforschte, neue Anknüpfungspunkte an die ganzheitliche Betrachtung von Haltung in der Mediation. Das Feld der Emotionsforschung wurde bewusst hier ausgeklammert. Es übersteigt die Möglichkeiten dieser Arbeit, wird aber im nächsten Kapitel als wichtige Komponente in der Arbeit mit Konflikten gestreift.

3 Verortung von Haltung in der Mediation auf Basis des Arbeitsmodells

Haltung im professionellen Kontext einer Beratungsbeziehung ist im Vergleich zur Haltung im normalen Kontext an bestimmte berufsspezifische Regelungen, Annahmen und konkrete Erwartungen der Beteiligten geknüpft.[1] Im Fall der Mediation gibt es dafür einen vorgegebenen, äußeren Handlungsrahmen: Erstens in Form des Verfahrensablaufs im Phasenmodell. Zweitens über die Verankerung der Verfahrensprinzipien im deutschen Mediationsgesetz von 2012, welche nicht nur berufsethischen, sondern damit ebenfalls normativen Charakter haben. Diese gesetzliche Verankerung hat die Professionalisierung der Mediation in den letzten 10 Jahren vorangetrieben und die berufliche Identität des Mediators sowie das Versprechen der Mediation nach außen entscheidend in Deutschland geprägt. Das Mediationsgesetz bildet eine wichtige Grundlage der Unabhängigkeit von Mediatoren, vor allem von wirtschaftlichen Interessen des Marktes. Coaching, das dem Beratungsformat der Mediation am nächsten steht, ist, im Vergleich dazu, aktuell trotz enorm zunehmender Popularität immer noch „ein ‚rechtlich ungeregelter Beruf' im Rahmen verbandlicher Selbstorganisation"[2]. Dafür entwickelt sich

[1] Vgl. Will, Jakob C.: Haltung als Sozialität im Widerstreit. Psychosoziale Beratung zwischen Ethischem und Politischem. Göttingen 2021, S. 11.

[2] Fietze, Beate: Coaching auf dem Weg zur Profession? Eine professionssoziologische Einordnung. In: Die Professionalisierung von Coaching. Ein Lesebuch für den Coach, hrsg. von Astrid Schreyögg und Christoph J. Schmidt-Lellek. Wiesbaden 2015, S. 17.

Ergänzende Information Die elektronische Version dieses Kapitels enthält Zusatzmaterial, auf das über folgenden Link zugegriffen werden kann https://doi.org/10.1007/978-3-658-42726-9_3.

B. Kupiek, *Haltung in der Mediation*, BestMasters,
https://doi.org/10.1007/978-3-658-42726-9_3

Coaching scheinbar viel dynamischer weiter als die Mediation. In diesem Kapitel geht es nach wie vor nur sekundär um die Einzelhaltung in der Mediation, auch nicht um ‚die richtige' Haltung. Es geht um Haltung als umfassendes, mehrgliedriges Gestaltungselement in der Mediation.[3] Es geht um die Wechselbeziehung aller in der Mediation miteinander verwobenen Ebenen in Form einer Struktur und Gesetzmäßigkeit: Es geht um das ‚Wie', nämlich darum wie Konfliktdynamik, als Kerngeschehen der Mediation sowie Beziehungs- und Prozessgestaltung im professionellen Setting der Mediation mit dem Verfahrensrahmen zusammengedacht werden können. Zunächst ist jedoch festzustellen: Bis dato gibt es keine einheitliche Definition oder Konzept von Haltung in der Mediation. Sucht man den Begriff ‚Haltung' im Sachregister des größten Sammelwerks der Mediationsliteratur, dem Handbuch Mediation – Fehlanzeige! Dafür gibt es eine Unmenge an Praxisartikeln, vereinzelt auch Mediationsliteratur, die die mediativen Einzelhaltungen beschreiben oder wenig brauchbare Allerweltsdefinitionen von Haltung verbreiten.[4] Das folgende Kapitel wird sich daher damit beschäftigen, die Bereiche ausmachen, in denen Haltung in der Mediation üblicherweise verortet wird und wo bzw. wie man sie multiperspektivisch neu verorten kann.

3.1 Die klassische Dichotomie von Haltung in der Mediation

3.1.1 Subjektorientierung in der Rolle des Mediators

Die klassische Vorstellung von Haltung in der Mediation dockt am Subjekt, der Person des Mediators an, und zwar in mehrfacher Hinsicht: Erstens an der zentralen *Rolle* des Mediators. Er ist nach Kracht als neutraler Dritter der ‚Fachmann und Garant des Verfahrens', indem er das ‚richtige Rollenverständnis' hat und seine ‚Aufgaben richtig erfüllt'. Beides steht nicht nur in engem Zusammenhang mit den Mediationsprinzipien, sondern auch mit seiner ethischen Einstellung, seinem *Berufsethos,* die von Kracht mit Haltung gleichsetzt wird und wie in der Tugendethik ständiges Üben erfordert. Bei grenzwertigen Fragen wie z. B. der Einhaltung des Neutralitätsprinzips durch den Mediator selbst, sei der ‚Ethos

[3] Vgl. Will, Haltung als Sozialität im Widerstreit, S. 12.

[4] Vgl etwa Lutschewitz, Der Mediations-Faktor: innere Haltung und Mediation, S. 22: Haltung ist nichts, was von der Stange kommt und übergestülpt werden kann. Sie kommt von innen und ist so individuell wie die eigene Persönlichkeit. Sie sollte ferner zu den eigenen Werten im Beruf und im Leben und zum persönlichen Weltbild passen (…).

des Mediators und seine Haltung‘ heranzuziehen.[5] Eine idealistische Beschreibung, die die Anmutung einer dritten höheren Distanz hat, einer Tugend, die über dem Mensch Mediator steht. Von Bezüglichkeit ist hier nicht die Rede, sondern einer klaren ‚Aufgabentrennung‘: der Mediator ist der Verfahrensexperte, die Medianden sind die Experten des Konflikts. So die Theorie, die vermutlich idealtypisch am Anfang jeder Mediationsausbildung steht. Konkreter wird die Rolle häufig im Kontext professioneller Handlungskompetenzen in drei Aspekte eingeteilt: *Wissen* (Theorie und Wissenschaft), *Kompetenzen* (methodische Kompetenzen sowie Fähigkeiten) und die *Haltung* selbst (ethische Prinzipien, Normen, Werte).[6] Haltung wird als separater Bereich betrachtet und dabei oft als ‚innere Haltung‘ des Mediators beschrieben, die vor allem mit seiner Persönlichkeit und Authentizität als Person sowie seiner Erfahrung zusammenhängt.[7] Diese klassische Verortung entspricht einer dichotomen Betrachtungsweise, die Mediator und Medianden getrennt betrachtet und sich überwiegend an einer methodischen oder verfahrensgeleiteten Auseinandersetzung orientiert.[8] Auch die juristischen Wurzeln aus der ADR-Bewegung in der Mediationsgeschichte und -kultur sind hieran abzulesen. Mediation, die sich wie alle Beratungsformate immer an jemandem ausrichtet, kommt jedoch mit einer eindimensionalen Perspektive auf das Subjekt und das Normative nicht aus.[9]

3.1.2 Die Objektorientierung auf das Konfliktgeschehen in der Mediation

Die Verhandlungs- und Konfliktforschung ist die Grundlage der Mediationstheorie. Sie orientiert sich wiederum am Objekt, an den Konfliktbeteiligten, ihrem Konflikterleben und jeweiligen Kontexten.[10] Sie untersucht, welche inner- bzw. intrapsychischen Prozesse und Verhaltensweisen eine Konfliktlösung erschweren

[5] Vgl. Kracht, Stefan: Rolle und Aufgabe des Mediators – Prinzipien der Mediation. In: Handbuch Mediation. Methoden und Technik, Rechtsgrundlagen, Einsatzgebiete, hrsg. von Fritjof Haft und Katharina von Schlieffen. München 2016, S. 302.

[6] Vgl. Kock, Susanne: Professionelle Haltung. Eine Untersuchung zur Professionsentwicklung angehender Berater*innen, Mediator*innen und Coaches. In: Counseling Impulse (2020), S. 3.

[7] Vgl. Lutschewitz, Der Mediations-Faktor: innere Haltung und Mediation, S. 21.

[8] Vgl. Will, Haltung als Sozialität im Widerstreit, S. 16.

[9] Vgl. ebd., S. 20.

[10] Vgl. Trötschel, Roman/Majer, Johann/Höhne, Benjamin: Verhandlungsforschung als Grundlage einer Mediationstheorie. In: Handbuch Mediation. Methoden und Technik,

oder erleichtern. Der Klassiker unter der Vielzahl an Konfliktdefinitionen ist die Definition von Glasl. Danach sind Konflikte *Differenzen* mindestens eines Beteiligten im ‚*Wahrnehmen, Denken, Fühlen, Wollen und Handeln*' gegenüber einem anderen, welche als Beeinträchtigung erlebt werden.[11] Anders ausgedrückt untersucht sie die *Konflikthaltungen,* die zu Konflikten führen und ihre Dynamik. Das Konfliktverstehen des Mediators auf einer Metaebene ist laut Schmidt zentral für die Konfliktbearbeitung, denn der Konflikt ist das, woran die Mediatoren ihre Interventionen ausrichten.[12] Bei ihm ist ein Konflikt nicht immer nur als ‚kommunikative Dysfunktion' zu sehen, sondern vorwiegend ein Konstrukt, in dem alle Menschen erst mal nur das sehen, was uns unsere kulturellen Prägungen nahelegen. Davon ist auch der Mediator nicht ausgenommen. Auch er ist in seiner eigenen Wahrnehmung des Konflikts nur mit begrenzten Möglichkeiten ausgestattet. Schmid kritisiert daher die einseitige Zentrierung der Mediation entweder auf den Mediator und das (kommunikative) Verfahren oder die beteiligten Akteure, was aus seiner Sicht weitere mögliche Zugänge zu Konflikten blockiert.[13] Er plädiert für explorative Perspektivenwechsel, die nicht nur mechanisch an Verfahrenstools ausgerichtet sind, sondern die Konfliktbeziehung und das Konfliktsystem stärker ins Zentrum rücken.[14] Glasl geht in seinem zur ‚Selbsthilfe bei Konflikten' gedachten gleichnamigen Buch konkret auf die Konflikthaltungen von Streitenden ein, und zwar aus der Sicht der Beteiligten. Jede Konflikthaltung enthält neben ihrem destruktiven einseitigen Pol einen positiven Kern als Gegenpol und verweist somit auf die inhärente Polarität jeder Art von Haltung. Der positive Kern enthält einen Nutzen, eine potenziell konfliktfähige Seite, durch die die Möglichkeit einer alternativen Haltung bzw. Gestaltungsoption innerhalb der eigenen Streithaltung gegeben ist. In dieser Beschreibung von Glasl findet sich die *hexis prohairetike* wieder, der autonome versus dem heteronomen Anteil von jeder Haltung. Glasl beschreibt dies, wie in Abb. 3.1 ersichtlich, anhand von zwei geläufigen extremen Haltungen in Konflikten: der Konfliktscheu und der Streitlust. Beide führen zu einseitigen Verhaltenstendenzen, enthalten aber im Wertesystem der Streitenden über den Zugang der Emotionen einen wertvollen Kern. Durch eine optionale Haltung der ‚selbstkritischen

---

Rechtsgrundlagen, Einsatzgebiete, hrsg. von Fritjof Haft und Katharina von Schlieffen. München 2016, S. 165.

[11] Vgl. Glasl, Friedrich: Konfliktmanagement. Ein Handbuch für Führung, Beratung und Mediation. Bern/Stuttgart 2020, S. 18 ff.

[12] Vgl. Schmidt, Entstehung und Bearbeitung von Konflikten, S. 209.

[13] Vgl. ebd., S. 211–215.

[14] Vgl. ebd., S. 214 ff.

Distanz', können Nutzen und Schaden der eigenen Haltung überprüft werden, durch ‚verstehende Toleranz' die positiven Elemente beider Extreme miteinander verbunden werden. Glasl beschreibt hiermit, die Hilfe zur Selbsthilfe, die innerhalb der Mediation über die symbolisch optionale Haltung des Mediators stattfindet, die über das Verstehen zur Konfliktfähigkeit führen soll.

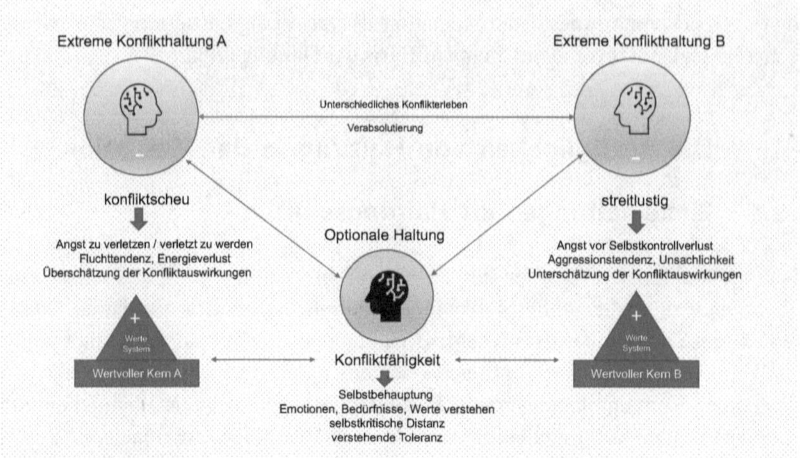

Abbildung 3.1 Hilfe zur Selbsthilfe in der Mediation[15]

Quasi analog dazu, beschreibt Glasl in seinem Standardwerk zum Konfliktmanagement aus der Sicht des Beraters, wie wichtig Pendelbewegungen zwischen den verschiedenen Polen bei Interventionen zur Konfliktbehandlung sind, da sich Konflikte durch das Beharren auf einseitigen Positionen auszeichnen. Ein rhythmisierendes Gestaltungsprinzip kann daher eine positive Wirkung auf die Konfliktsituation haben und wesentlich zu deren Auflockerung beitragen. Er meint damit z. B. Pendelbewegungen zwischen Konfrontieren und Integrieren, zwischen Identifizieren und Distanzieren (Nähe-Distanz). Interventionen müssen demzufolge ständig auf ein dynamisches Gleichgewicht achten.[16] Was Glasl als Interventionstechnik beschreibt wird im Coaching (oder Psychotherapie) als ‚dialogische Haltung'

---

[15] Eigene Darstellung in Anlehnung an: Glasl, Friedrich: Selbsthilfe in Konflikten. Konzepte – Übungen – Praktische Methoden. Stuttgart/Bern 2017, 57 ff. Siehe auch Anlage 3 in Elektronischem Zusatzmaterial.

[16] Vgl. Glasl, Konfliktmanagement, S. 411–418.

bezeichnet. Zusammenfassend kann man sagen: es gibt keine Mediatorenhaltung ohne Medianden. Haltung ist nicht nur auf den Mediator zu beziehen, sondern muss auch in der Mediation interpersonal gedacht werden. Es gibt keine Triade, weder *Kommunikationstriade*, noch *Haltungstriade*, in der nicht alle eine aktive Rolle spielen.[17] Alle Haltungen im Raum der Mediation sind wechselseitig aufeinander bezogen und füllen einen mehrgliedrigen Beziehungs-, Möglichkeits- und Gestaltungsraum – oder ‚Haltungsraum'. Die relationale Betrachtungsweise wird von verschiedenen Autoren in der Mediation als Notwendigkeit bestätigt, aber wenig nachvollziehbar und vor allem nicht auf Basis der Haltung erklärt.[18]

3.2 Die Bezüglichkeit von Haltung in der Mediation

3.2.1 Einzelhaltungen als Haltungsvollzug

Haltung konkretisiert sich in der Mediation im Vollzug in spezifischen *Einzelhaltungen* und den dafür notwendigen Kompetenzen des Mediators. Meist werden diese nicht unter dem Übergriff Haltung subsumiert, sondern unter Kommunikationsmodellen, Interventionen oder einer auf wechselseitigem Verstehen basierenden Kommunikationspraxis. Besonders Montada hebt die Wichtigkeit von ‚Haltungen guter Kommunikation' und die Beachtung der Emotionen der Medianden als konstitutiven Teil von Konflikten hervor. Gemeint sind damit u. a. bekannte kommunikationspsychologische Konzepte von Rogers (klientenzentrierte Gesprächsführung) oder Rosenberg (gewaltfreie Kommunikation). Diese werden ihrerseits oft als ‚wertschätzende und nicht wertende Grundhaltungen' der Mediation hervorgehoben. Sie zielen auf einen produktiven, bewusstmachenden Umgang mit Emotionen ab, die zur ‚Tiefenstruktur' von Konflikten führen und beim wechselseitigen Verstehen von Interessen, Bedürfnissen, Werten helfen sollen, damit die Medianden zu einer kooperativen Haltung (zurück-)finden. Tools wie die ‚dreifache Verständnissicherung' (engl. *loop of understanding*) dienen der Verständnisförderung nicht nur zwischen Mediator und Mediand, sondern durch den entschleunigenden Effekt auch zwischen den Medianden. Mittels Aktivem Zuhören, Umformulieren der Wahrnehmungen in eigene Worte und dem Einholen

[17] Vgl. Duss-von Werdt, Der systemisch-konstruktivistische Ansatz, S. 262.

[18] Vgl. Schmitt, Gerd: Mediation von der Mitte her denken – work(s) in progress. In: Mediation als Wissenschaftszweig. Im Spannungsfeld von Fachexpertise und Interdisziplinarität, hrsg. von Katharina Kriegel-Schmidt. Wiesbaden 2017, S. 47 ff.

von Feedback bei den Medianden, wird nicht nur eine wechselseitige Verständniskontrolle angestrebt, sie unterstützt laut Gläßer auch die Vorwärtsbewegung im Phasenmodell.[19] Konzepte wie das ‚Innere Team' von Schulz von Thun zielen darauf ab, einzelne inkonsistente Einstellungen als unterschiedliche innere Stimmen sichtbar und hörbar werden zu lassen, um ambivalente Konflikthaltungen der Medianden zu überprüfen. Hierbei geht es nicht nur um ein kognitives Verstehen, sondern auch ein affektives Verstehen, nämlich um die empathischen Fähigkeiten des Mediators als Voraussetzung einer wertschätzenden Grundhaltung. Empathie ist Bestandteil jeder Form von Haltung als eine Einheit von ‚Wahrnehmen, Denken, Fühlen, Handeln'. Empathie wird in der Psychologie definiert als das „affektive Nachempfinden der vermuteten Emotion eines anderen Lebewesens auf Basis des kognitiven Verstehens dieser Emotion und bei Aufrechterhaltung der Selbst-Andere-Differenzierung"[20]. Diese Wahrnehmungsfähigkeit ist bei den Medianden durch ihre einseitigen Konflikthaltungen i. d. R. stark eingeschränkt und muss durch den Mediator unterstützt werden. Nicht nur das Pendeln zwischen Polaritäten wird in den Einzelhaltungen in der Mediation sichtbar, sondern ihr Eingebettet-sein in die Interpersonalität.

3.2.2 Die systemische Sichtweise in der Mediation

Gemäß der systemisch-konstruktivistischen Idee sind weder die Mediation als Beratungsformat noch der Mediator und die Medianden als eigenständig beschreibbare Größe zu verstehen, sondern sie bilden einen intersubjektiven Beziehungsraum. Die Mediation ist dabei ein realer Austragsort von Beziehungsgestaltung, in dem unterschiedliche Wirklichkeiten zusammenwirken. Die Mediation setzt laut dem von Duss-von Werdt vertretenen und für die klassische Mediation ungewöhnlichen Ansatz primär am Zwischenmenschlichen an – nicht an Theorien, Rollen oder Methoden. Bereits vor einer Mediation sind Konfliktprozesse abgelaufen, an die in der Mediation angeknüpft wird. Der Mediator ist Teil des Beziehungssystems, eines einmaligen mitmenschlichen Ereignisses, dessen Gelingen oder Misslingen bzw. Erkenntniszuwachs vom Zusammenwirken aller Beteiligten abhängt. Der Focus des Mediators richtet sich deshalb mit allen

[19] Vgl. Gläßer, Ulla: Mediative Interventionen. In: Handbuch Mediation. Methoden und Technik, Rechtsgrundlagen, Einsatzgebiete, hrsg. von Fritjof Haft und Katharina von Schlieffen. München 2016, S. 364–368.

[20] Altmann, Tobias: Dorsch Lexikon der Psychologie. Empathie (https://dorsch.hogrefe.com/stichwort/empathie#search=96c749a113512e1cc004f31bf2d26865&offset=0Empathie, zuletzt aufgerufen am 19.06.22).

Sinnen auf das Beziehungsgeschehen, wie es sich in der Mediation konkret zeigt und nicht auf die verborgenen psychischen Prozesse. Er nutzt die Wirkenergie von Konflikten, um ‚Getrenntes zu Einheiten' zu verbinden und schließt Gegensätze, individuelle und kollektive Perspektiven mit ein, um Kooperation zu erreichen: ein ‚Sowohl-als-auch', statt ‚Entweder-oder'. Die dialogische Vernetzung von Gegensätzen führt für alle Beteiligten zu Erkenntniszuwachs bei der Gestaltung von ‚Zwischenräumen'.[21] Der Gedanke der dialogischen Vernetzung verweist auch hier wieder auf die grundlegende Relationalität und Doppeldeutigkeit von Haltungen. Das eine schließt das andere mit ein, Bejahung, Verneinung, Möglichkeit und Unmöglichkeit bedingen sich. Alles schließt einen Gegensatz in sich ein.[22] Bei Duss-von Werdt ist der *homo mediator*, nach seinem gleichnamigen Werk, komplett von jeglichem Verfahrensrahmen und einfachen linear-kausalen Wirkungen losgelöst. Er stößt bereits durch seine ‚Anwesenheit' Veränderungen im komplexen System der Mediation aus, das aus seiner Sicht von außen durch eine Verfahrensstruktur nicht steuerbar ist. Man kann Haltung bei ihm als reine Beziehungsgestaltung verstehen (wie in der Psychotherapie oder im Coaching).[23] Seine Nähe zum systemischen Denken aus der Familientherapie und als Psychologe wird hier deutlich. Die Haupttaufgabe des Mediators ist es, die Medianden wachsam zu gebleiten, damit sie einander verstehen. Das empathisch-emotionale und sachlich- rationale Verstehen sind voneinander abhängig und sind nicht zu verwechseln mit einverstanden oder gleicher Meinung sein.[24]

3.2.3 Die Bedeutung der Granularität von Emotionen

Eine große Herausforderung für die Haltung der Mediatoren, ist der Umgang mit Emotionen in der Mediation. Laut Montada ist die Analyse der Emotionen der Schlüssel, um die wirklichen Konflikthintergründe in der Mediation zu erhellen. Sie spielen in den meisten Konflikten eine Hauptrolle, da die affektive Komponente in der Konflikthaltung überbetont ist. Gefühle weisen den Mediator differenziert auf die Beziehungen der Parteien untereinander hin sowie auf ihre Bezüge zu Situationen oder Anlässen, die sie bewerten und jeweils Emotionen auslösen.[25] Montada bezieht sich dabei auf die kognitiven Emotionstheorien,

[21] Vgl. Duss-von Werdt, Der systemisch-konstruktivistische Ansatz, S. 252–261.

[22] Vgl. ebd., S. 266.

[23] Vgl. ebd., S. 264 ff.

[24] Vgl. ebd., S. 273.

[25] Vgl. Montada/Kals, Mediation, S. 171.

die aus seiner Sicht für die Mediation am besten geeignet sind, um die Wichtigkeit von Emotionen als Quelle für das Konfliktverstehen in der Mediation zu erklären.[26] Demnach sind Emotionen immer an eine *Bewertung* geknüpft, die eine Kognition, eine Interpretation, ein Gedanke, Urteil oder irgendeine Art von mentaler Repräsentation einer auslösenden Situation oder Stimulus sein kann.[27] Emotionen haben zwei Funktionen: sie weisen uns darauf hin, *dass* ein bestimmter Anlass für eine Person (in Bezug auf jemanden oder etwas) wichtig ist, aber auch *warum* (übergeordnete Werte). Damit wird nicht nur der Gefühlsanlass und der Wahrheitsgehalt der zugrundeliegenden subjektiven Erkenntnisse hinterfragbar, sondern kann auch durch neue Erkenntnisse ergänzt und eventuell korrigiert werden (s. *kognitive Dissonanzen* in Abschn. 2.5.2.3). Es wird dem Mediator zudem möglich aufzuzeigen, was ein Mediand selbst zu seiner Emotion und damit womöglich zur Konflikteskalation beigetragen hat. Emotionen sind nicht nur Ausdruck von Wertungen, sondern von Verhaltensneigungen. So führt z. B. Empörung zu Schuldvorwürfen, die wiederum beim anderen zu Gegenvorwürfen führen usw. Die Liste ließe sich um viele konfliktträchtige Gefühlen erweitern. Die eigenen Emotionen als Teilkomponente von Haltungen, sind also auch für sich genommen keine Widerfahrnisse, die man nur passiv erleidet, wie oft in der Alltagspsychologie geglaubt wird. Menschen haben theoretisch die Möglichkeit, sich ihre Gefühle bewusst zu machen, in dem sie sich, den jeweils positiven Kern des Gefühls – in Mediationssprache ihr eigentliches ‚Anliegen im Sinne von Herzensangelegenheit, Interesse oder Bedürfnis', bewusst machen. Meist suchen Menschen den Grund für ihre Gefühle jedoch im außen und nicht bei den ‚internalen Faktoren'.[28] Gleichzeitig glauben Menschen bei anderen sehr gut ablesen zu können, was sie fühlen und schließen darauf, „wie diese Menschen sind". D. h. in der Alltagspsychologie werden Dispositionen intuitiv aus Gründen der Orientierung mit Verhaltensgesetzmäßigkeiten und mit Persönlichkeitsmerkmalen gleichgesetzt.[29] Der Gefahr der Alltagspsychologie unterliegen alle Menschen, auch Psychologen, Berater, Mediatoren. Manche Mediatoren arbeiten, um die Ausdrucksfähigkeit und die Bewusstheit der eigenen Emotionen bei den Medianden zu unterstützen, mit Gefühlskarten. Diese zielen auf die subjektive Erlebniskomponente von Emotionen als weitere Betrachtungsweise

[26] Vgl. ebd., S. 174.

[27] Vgl. Tab. 2.2 Übersicht Emotionstheorien in: Kupiek, Martin, Digital Leadership, Agile Change und die Emotion Economy. Emotionen als Erfolgsfaktor der digitalen Transformation. Wiesbaden, Germany 2020, S. 68.

[28] Vgl. Montada/Kals, Mediation, S. 172–177.

[29] Vgl. Neyer/Asendorpf, Psychologie der Persönlichkeit, S. 3 ff.

innerhalb der Emotionstheorien neben der kognitivistischen ab. Jede Emotion wie Stolz, Neid, Angst oder Ärger hat eine besondere Erlebnisqualität.[30] Die Karten dienen dazu die eigenen Gefühle besser zu erkennen und zu benennen sowie die Annahmen über den anderen und seine Gefühle zu überprüfen.[31] Das gegenseitige Sichtbarmachen von affektivem Erleben in der Mediation entspricht dem menschlichen Grundbedürfnis nach Anerkennung. Die Sprache verbindet dabei Kognition mit Emotion. Sie erleichtert den Zugang zu den eigenen Emotionen und erhöht gleichzeitig die Ausdrucksfähigkeit, die wiederum die Emotion beeinflusst. Die Sprache ist ein Kernelement für die Entwicklung emotionaler Kompetenz.[32] Je genauer ein Mensch Emotionen unterscheiden kann, umso besser kann er seine potenzielle Reaktion auf einen Stimulus steuern. Diese Fähigkeit wird als ‚emotional granularity' bezeichnet. Zwischen ‚sich schlecht fühlen' und ‚sich traurig, enttäuscht, verärgert, ungeduldig oder verzweifelt fühlen' liegt ein großer Differenzierungsradius.[33] Unabhängig von der emotionstheoretischen Betrachtungsweise, unterscheiden sich Emotionen durch ihre Qualität, Intensität und Dauer. Sie haben kognitiv-evaluative Aspekte über einen bestimmten Anlass sowie physiologische Aspekte der körperlichen Sinneswahrnehmung, Sprache, Körperausdruck usw. Gemeinsam ist allen Emotionen, dass sie objektgerichtet, interpersonal und damit auch relativ sind, d. h. sie sind immer vom jeweiligen Kontext abhängig und haben keine universelle Gültigkeit.[34] (Lachen z. B. kann Freude ausdrücken oder auch Schadenfreude). Montada weist darauf hin, dass die nötigen Kompetenzen vorliegen müssen, um produktiv als Mediator mit Emotionen umzugehen, denn oft werden sie überhaupt nicht erkannt.[35] Gerade Konflikte zeichnen sich durch eine große Varianz im emotionalen Erleben aus. Die gleiche Situation wird emotional völlig unterschiedlich erlebt, und zwar in Hinblick auf Qualität und Intensität der Emotion. Die Medianden konstruktiv bei einer differenzierten Artikulation ihres emotionalen Erlebens zu unterstützen, kann deshalb

---

[30] Vgl. Montada/Kals, Mediation, S. 175.

[31] Redaktion Gefühlsmonster Akademie (https://www.gefuehlsmonster.de/mediation-neu/, zuletzt aufgerufen am 20.06.22).

[32] Vgl. Kupiek, Digital Leadership, Agile Change und die Emotion Economy, S. 80.

[33] Vgl. ebd., S. 141.

[34] Vgl. Was sind Emotionen, In: Misselhorn, Catrin: Künstliche Intelligenz und Empathie. Vom Leben mit Emotionserkennung, Sexrobotern & Co. Ditzingen 2021, S. 13–17.

[35] Vgl. Montada/Kals, Mediation, S. 79.

je nach Mediationsstil ein großes Potenzial für den Mediator und seine Haltung, aber auch für die Medianden in der Konfliktlösung beinhalten.[36]

3.2.4 Das eigene Involviert-Sein als Mediator

Die Bezüglichkeit von Haltung führt zu dem Schluss, dass Mediation nur aus einer wechselseitig erfahrungsbezogenen Perspektive betrachtet werden kann[37], ohne die Verfahrensperspektive als übergeordneten Handlungsrahmen außer Acht lassen zu müssen. Der Mediator stellt mit seiner wertschätzenden Haltung den Medianden Zugänge zu ihren eigenen Konflikthaltungen zur Verfügung, die diese aufgrund ihrer Disposition und ihrem Konfliktverhalten zunächst eventuell nicht verfügen.[38] Diese dezentrale Betrachtungsweise von professioneller Haltung schließt das eigene rollenspezifische und persönliche Involviert-Sein des Mediators ein und macht auf die selbstreflexive Komponente von Haltung, den Selbstumgang, sein Selbstverständnis, aber auch seine Selbstverantwortung im Kontakt mit den Medianden aufmerksam. Sie bringt zudem die Tatsache ins Spiel, dass alle Beteiligten in der Mediation als ‚Andere' verschieden sind, also auch der Mediator selbst ‚anders' ist.[39] Haltung impliziert in diesem Sinne nicht nur das unterstützende ‚Halten' der Medianden im Raum der Mediation, den Haltungsvollzug durch Interventionen, sondern auch seine Abgrenzung von den Medianden in seiner Rolle und seiner Person bei gleichzeitigem Involviert-Sein mit seinen eigenen Gefühlen. In der Abgrenzung bewahren wir unsere eigene Identität und es zeigt sich die Festigkeit unserer Persönlichkeit. Das heißt, ein Mediator will sich mit seiner Haltung nicht nur auf die Medianden ausrichten, sondern immer auch er selbst bleiben.[40] Am besten beschreiben kann man dies in der professionellen Rolle als Wechselspiel von Nähe und Distanz, die sich auf den Punkt bringen lässt, mit: *„Nähe zu mir selbst, Offenheit zur Welt.* Nähe zu sich selbst ist das Resultat von persönlicher Entwicklung. Diese Nähe schafft die innere Freiheit, sich der Welt, also auch anderen Menschen offen

[36] Vgl. Ittner, Heidi: Psychologie der Mediation. In: Handbuch Mediation. Methoden und Technik, Rechtsgrundlagen, Einsatzgebiete, hrsg. von Fritjof Haft und Katharina von Schlieffen. München 2016, S. 440 ff.

[37] Vgl. Will, Haltung als Sozialität im Widerstreit, S. 19.

[38] Vgl. ebd., S. 40.

[39] Vgl. ebd., S. 19.

[40] Vgl. ebd., S. 47.

zuzuwenden: Jenseits von einschränkenden Verhaltens-, Erlebens- und Denkmustern präsent, offen und neugierig zu sein."[41] Diese Formulierung impliziert, dass man als Mediator Offenheit gegenüber den Medianden benötigt, aber gleichzeitig emotionale Distanz, die nur über den eigenen Selbstbezug in seiner Rolle und als Person möglich ist und den Unterschied zu freundschaftlichen Beziehungen ausmacht.[42] Haltung in der Mediation ist aus diesem Grund nicht nur als *Fremdführung* (Beziehungs-, Verfahrensgestaltung), sondern explizit in einer Doppelbewegung mit der *Selbstführung* des Mediators zu verstehen. Ben Larbi und Breidenbach benennen in ihrem in der deutschen Mediationsfachliteratur einzigartigen Internetbeitrag „Innenwelten der Konfliktlösung" sieben Thesen zur inneren Professionalisierung für Mediatoren und beschreiben die Pendelbewegung von Selbst- und Fremdführung mit einer Art *„inner- und outer pilot"*. Professionalität wird als Ganzheitlichkeit beschrieben, wo es vor allem um die innere Orientierung des Mediators als wichtiger Ankerpunkt für das Spüren im Kontakt mit den Medianden geht. Sie verknüpfen diese Erfahrungsperspektive konkret mit dem prozessualen Ablauf und den Kernmomenten der Mediation. Alles was im Außen passiert, findet eine innere Entsprechung in uns als Mediator, in dem wir die Situation und die Mediationsprinzipien mit unserer Rolle und unseren eigenen persönlichen, wie mediativen Werten abgleichen. Es findet anders ausgedrückt eine permanente Fremd- und Selbstbeurteilung im Abgleich statt. Dieser ‚inner-outer-pilot' gibt uns Orientierung. Unsere körperlichen Sinneswahrnehmungen unterstützen uns dabei, in dem wir spüren, ob wir wirklich hinter unseren Grundwerten, die uns mediieren lassen, unseren Methoden stehen. Es ist die Fähigkeit, eine Rolle oder Perspektive vollständig zu verlassen, um eine andere vollständig einnehmen zu können, die zur sogenannten *Rollendistanz* führt, die jeder Mediator auf- und ausbauen muss.[43] Es geht aber auch um emotionale Resonanz, nicht nur in Bezug auf die Medianden, sondern auch in Bezug auf das, was die zentralen Themen der Mediation wie ‚Interessen' oder ‚Lösungen' mit uns selbst als Mediator machen. Es geht darum, wie diese als Gefühl in uns verankert sind. Statt sich ausschließlich damit zu beschäftigen, welche Kreativitätstechniken, die Medianden bei der Lösungsfindung unterstützen können und Lösungen analytisch anzugehen, macht es Sinn sich zu fragen,

[41] s. Unity in Duality – buddhistische Philosophie. Eidenschink, Heika: Coaching Ausbildung. Grundlagen des Coachings & des Coaching-Mindsets (https://www.heika-eidenschink.de/coaching-ausbildung/, zuletzt aufgerufen am 26.06.22).

[42] Vgl. Will, Haltung als Sozialität im Widerstreit, S. 41.

[43] Vgl. Kreuser, Karl: Mir doch egal, was Mediation ist. In: Mediation als Wissenschaftszweig. Im Spannungsfeld von Fachexpertise und Interdisziplinarität, hrsg. von Katharina Kriegel-Schmidt. Wiesbaden 2017, S. 30.

was eine Lösung eigentlich für einen selbst als Mediator bedeutet: „Woran merken wir sie? Wie fühlt sie sich an? Was löst sich da? Wo genau? Was passiert dann?“[44] Es geht also um das Gefühl hinter unseren Worten. Der Begriff Lösung vermittelt oft den Eindruck, dass etwas getan werden muss, manchmal geht es jedoch für die Mediandenen nur darum, dass etwas gespürt, erkannt oder losgelassen werden muss.[45] Je besser und differenzierter wir als Mediator unsere eigene Haltung spüren, unser Denken, Fühlen, Handeln, desto besser sind wir in der Lage spielerisch im außen und innen zu sein und uns parallel entlang der Phasenstruktur zu bewegen. Es findet dann nicht nur eine äußere Verständnissicherung mit den Medianden statt, sondern auch eine innere im laufenden Dialog mit uns selbst. Je mehr Raum wir uns selbst in der Mediation geben, desto mehr sind wir in der Lage, der Beziehung in der Mediation den notwendigen Raum zu geben. Dann können wir darauf vertrauen, dass eine Lösung sich entfaltet. Meist ist jedoch das eigene rückbezügliche Hinschauen das, was am meisten Widerstand auslöst, allzu gern verlieren auch Mediatoren sich im Außen.[46] Zu diesem Übungsweg braucht es regelmäßig Anstöße. Der von Ben Larbi und Breidenbach entwickelte kostenlose *Online-Kurs Masterclass Mediation*[47] zum Thema Innenwelten ist eine gute Möglichkeit, die Erlebnisqualität von Haltung über die Selbstreflexion im Mediationskontext nachzuvollziehen und zu spüren, auch wenn das Phänomen Haltung in seiner theoretischen Definition dort diffus bleibt. Einen ähnlich intensiven selbstreflexiven Ansatz verfolgt das seit den 80er Jahren weiterentwickelte *understanding based model* von Friedmann und Himmelstein. Beide haben später in Zusammenarbeit mit einem Zen-Buddhisten ein Trainingsprogramm für Mediatoren entwickelt, das sog. *SCPI-Programm* (*Self-Reflection for Conflict Professionals*)[48], das in ihrem 2014 veröffentlichten Buch „Inside Out“ beschrieben wird. Auch sie suchen die Lösungen für Konflikte nicht im

[44] Ben Larbi, Monia/Breidenbach, Stephan: Innenwelten der Konfliktlösung. Sieben Thesen zur inneren Professionalisierung (https://www.vfst.de/sites/vfst/files/2021-01/2020_larbi_breidenbach_innenwelten_der_konfliktloesung_0.pdf, zuletzt aufgerufen am 26.06.22).

[45] Vgl. Eidenschink, Klaus: Selbstkenntnis und Metatheorie. Anmerkungen zu den essentiellen Voraussetzungen für einen professionellen Einsatz von Tools im Coaching. In: Die Professionalisierung von Coaching. Ein Lesebuch für den Coach, hrsg. von Astrid Schreyögg und Christoph J. Schmidt-Lellek. Wiesbaden 2015, S. 234.

[46] Vgl. Ben Larbi/Breidenbach, Innenwelten der Konfliktlösung.

[47] Ben Larbi, Monia/Breidenbach, Stephan: Masterclass Mediation. Online-Kurse für die Weiterentwicklung von Mediator*innen (https://masterclass-mediation.eu/, zuletzt aufgerufen am 03.07.22).

[48] The Center for Understanding in Conflict: Inside Out SCPI (https://understandinginconflict.org/inside-out-scpi/, zuletzt aufgerufen am 03.07.22).

praktischen Außen, wo sie entstehen, sondern primär im Innen der Mediandern, in dem sie sich mit ihrer ganzen Person als Resonanzraum zur Verfügung stellen. ‚Going down the V‘ beschreibt den Prozess des Mediators, nicht nur die Medianden unter die Oberfläche ihrer Positionen tief zu ihren Emotionen zu führen, sondern auch seine eigenen ambivalenten Gefühle gegenüber den Medianden wahrzunehmen, zu spiegeln und konstruktiv in die Mediation einzubringen. Der Mediator ist dabei kein ‚neutraler Container‘. Das Trainingsprogramm enthält hohe Anteile an Achtsamkeits-, und Meditationspraktiken und täglicher Selbstreflexion.[49] Beide Ansätze gehören nicht zum ‚Mainstream‘ der Mediation, das Thema Selbstreflexion wird in der klassischen Mediationsausbildung meist sehr minimalistisch unter Supervision und Weiterbildung abgehakt und ist kein dedizierter Ausbildungsgegenstand wie im Coaching oder in der Psychotherapie, in der die eigene Lehranalyse als fester Bestandteil der Ausbildung vorgeschrieben ist.[50]

3.3 Die Beweglichkeit als Grundgedanke von Haltung in der Mediation

3.3.1 Das Bild des Schwimmers

Die Suche nach der Verortung von Haltung in der Mediation in den vorherigen beiden Kapiteln hat gezeigt, dass die dichotome Betrachtungsweise von Haltung auch in der Mediation im Sinne eines Haltungskonzeptes ins Leere läuft. Alle Aspekte von Haltung sind in der Breite der Mediationstheorie und der gelebten Praxis repräsentiert, nur nicht zusammengedacht in Form eines ausgewogenen Konzeptes, das den Namen ‚Haltung‘ trägt und das dem Phänomen in seiner Dimension, Struktur und eigentlichen Bedeutung gerecht wird. Nimmt man alle aufgezeigten Ansätze zusammen, ist die Mediation keineswegs ein nur auf eine vorgegebene Verfahrensstruktur festzementiertes Beratungsformat. Vieles, was in der Theorie separat betrachtet wird, ist in der gelebten Praxis je nach Mediator ein Mix aus Mediations- und eventuell weiteren Beratungsansätzen, vermutlich selten also irgendeine gelehrte Reinform. Betrachtet man den Verfahrensrahmen

[49] Vgl. Friedman, Gary J.: Inside out. How conflict professionals can use self-reflection to help their clients. Chicago, Illinois 2014, S. 1–40.

[50] Vgl. Münch, Volker: Die therapeutische Haltung. Perspektiven der Analytischen Psychologie. Stuttgart 2020, S. 26.

und die Beziehungsgestaltung in der Triade der Mediation als einen Metaprozess, steht dieser nicht mehr abstrakt und isoliert im Mittelpunkt, sondern ist ein Teil im *Gesamtkoordinatensystem des Mediators*, das erst ein *bewegliches Prozessgleichgewicht* ermöglicht.

Diese Grundbeweglichkeit von Haltung wird in Abb. 3.2 im Bild eines Schwimmers deutlich. Die Zeichnung soll das ‚*Fließgleichgewicht*' eines Schwimmers darstellen, der sich bewegt, sich schwimmend über Wasser hält und den das Wasser durch die Bewegung trägt. Eine Art Halt im Beweglichen, der das beidseitige Involviert-Sein in einem Beziehungs- und Gestaltungsgefüge symbolisiert

Abbildung 3.2
Fließgleichgewicht eines Schwimmers[51]

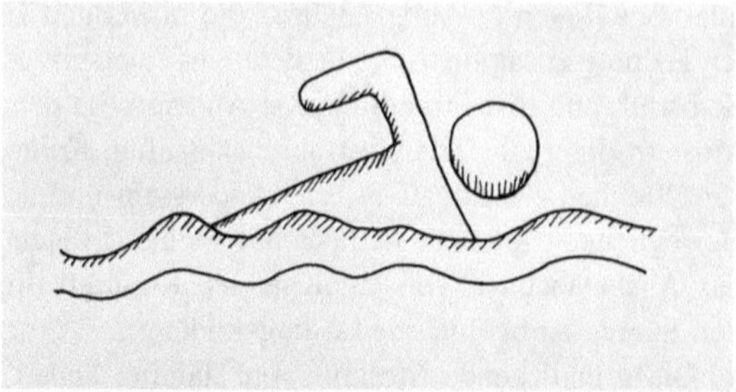

Dieses Gefüge trägt gleichzeitig das Nicht-Planbare, das Scheitern und somit die Polarität von Gehaltensein und Haltlosigkeit, in sich. Man könnte sie auch als menschliche Vulnerabilität bezeichnen, die jeder Beziehung, auch der professionellen inhärent ist.[52] Auch der Mediator ist Haltender und Gehaltener. Diese *multiperspektivische Beweglichkeit* als eine Art *Grundmodus für die Mediation* in sich aufzunehmen, entlastet den Mediator von der Spannung zwischen Anspruch und Wirklichkeit der Mediation. Sie kann für ihn Sinnbild seines eigenen Vertrauens dafür sein, dass sich auch über die Verfahrensstruktur hinaus im Prozess etwas entfaltet. Vielmehr versetzt ihn die Beweglichkeit erst in die Lage, sich immer neuen Herausforderungen zu stellen und zu wachsen.[53]

---

[51] Eigene Zeichnung von Ysalie Kupiek.

[52] Vgl. Kurbacher, Zwischen Personen, S. 316–317.

[53] Vgl. Münch, Die therapeutische Haltung, S. 118.

3.3.2 Professionelle Haltung in der Mediation

Der Grundgedanke von Beweglichkeit kommt der Realität mediatorischen Arbeitens sehr nah, er verbindet Theorie und Praxis und drückt sich schon allein durch den in der Ausbildung viel gehörten Satz aus: „Es gibt kein richtig oder falsch in der Mediation." Sie wird nur übertönt von einer immer noch einseitig verfahrenslastigen und idealtypischen (Ausbildungs-)Tradition in der Mediation. Haltung ist daher nichts Separates, das neben dem Verfahren, Methoden, Kompetenzen und der Gesamtpersönlichkeit des Mediators steht. Alles wirkt und ist miteinander verwoben zu einem Prozess, den es zu gestalten gilt. Die wahre Kunst eröffnet sich erst im dynamischen, kreativen Wechsel- und Zusammenspiel aller Beteiligten[54]. Abb. 3.3 fasst die bisherigen Erkenntnisse zur professionellen Haltung zusammen. Sie verdeutlicht einerseits die Doppelbewegung zwischen Selbstführung und Fremdführung. Andererseits den Wechsel zwischen stabileren Mustern, internalisierten Verfahrensabläufen, Kompetenzen sowie bedingungsloser Offenheit für Situatives, das Anderssein und den systemischen Kontext. Die Beweglichkeit zeichnet sich aus durch eine stringente Führung des Dialogs sowie das Ausbalancieren von ambivalenten Konflikthaltungen im Phasenverlauf, von den Interessen bis hin zur Lösungsfindung.

Die grundlegende Struktur von Haltung ändert sich nicht. Der Unterschied im professionellen Setting neben den vorgegebenen Rahmenbedingungen (Prinzipien, Phasenablauf), ist die Tatsache, dass der Mediator sich in einer Doppelfunktion aus Rolle und Person einbringt, die nicht voneinander zu trennen ist. Beziehungsgestaltung und Verfahrensgestaltung sind gleichermaßen für das Prozessgleichgewicht verantwortlich. Entgegen der vor allem von psychologischen Mediatoren vertretenen Meinung, die Steuerung des Verfahrens durch den Mediator sei eine Illusion und nicht mehr als eine theoretische Idee[55], spricht, dass allein der Phasenstruktur eine haltungsartige Gliederung inhärent ist. Die Trennung in Themen, Interessen, Lösungen macht die einseitigen Haltungen der Parteien im Prozess der Mediation sichtbar und handhabbar. Sie werden in nachvollziehbare Haltungskomponenten von Denken, Fühlen, Handeln zerlegt, die in Wirklichkeit eine Einheit bilden und gerade im Konflikt ambivalent miteinander verwoben sind. Durch den affektiven Resonanzraum, den der Mediator als Spiegel zur Verfügung stellt und das Pendeln zwischen den Medianden und deren psychischen Gegensätzen, öffnen sich im Dialog neue

[54] Vgl. Ittner, Psychologie der Mediation, S. 440.

[55] Vgl. Ittner, Psychologie der Mediation, S. 440.

Abbildung 3.3 Professionelle Haltung in der Mediation als dynamisches Prozessgleichgewicht und gemeinsamer Lernprozess[56]

Handlungsmöglichkeiten. Die Phasen unterstützen infolgedessen den rhythmisierenden Prozess, der von der Trennung in Einzelteile im reflexiven dialogischen Prozess wieder zu einer Kohärenz in Form von Lösungen führt. Die Phasenstruktur fördert die Nachvollziehbarkeit und Integration von Fühlen und Denken, was entscheidend ist für den Prozess der Selbstorganisation bzw. der Eigenverantwortung der Medianden[57]. Voraussetzung dafür ist jedoch, dass ein produktiver Umgang mit Emotionen stattfindet und unbefriedigte oder schlecht regulierte Bedürfnisse bewusst gemacht werden. Deshalb ist der Satz: „Das Verfahren allein funktioniert!" nicht gänzlich falsch als Narrativ in der Mediation, in seiner Verlässlichkeit und nachhaltigen Wirksamkeit jedoch in Frage zu stellen. Die Strukturvorgabe der Phasenstruktur in der Mediation, ersetzt keineswegs den reflexiven Prozess oder ‚das reflexive Problem' der Medianden, wie mit dem

---

[56] Eigene Darstellung, siehe auch Anlage 4 im Elektronischen Zusatzmaterial.

[57] Vgl. Redaktion: Dorsch Lexikon der Psychologie. Emotionsbezogene Psychotherapie (https://dorsch.hogrefe.com/stichwort/emotionsbezogene-psychotherapie#search=abc8bc4e54c9b3166e449aa17892f43b&offset=3, zuletzt aufgerufen am 06.07.22).

Konflikt umgegangen werden soll, wie von Kreuser behauptet wird.[58] Sie unterstützt jedoch, den durch den Konflikt verengten selbstreflexiven Prozess wieder in Gang zu bringen, vorausgesetzt ein entsprechender Beziehungsaufbau hat stattgefunden. Auch die Allparteilichkeit, als einer der wichtigsten Grundhaltungen und Präsenzformen von Haltung in der Mediation lässt sich in ihrer Sinnhaftigkeit viel besser mit der Struktur der Beweglichkeit begreifen als mit dem kognitiv-evaluativen und statischen Begriff der Neutralität. Neutral kann der Mediator nur in der ‚Sache' sein. Auf der ‚Beziehungsebene' zu beiden Medianden muss er gleichermaßen Anteil nehmen[59], die jeweiligen Bedürfnisse der Medianden können dabei jedoch sehr unterschiedlich sein. Dazu muss er sich multiperspektivisch einfühlen und mal in Resonanz mit dem einen, dann mit dem anderen Medianden gehen. D. h. Allparteilichkeit ist ein Paradoxon, denn sie besteht gerade in der ‚Parteinahme', nur keiner exklusiven in Bezug auf eine Partei.[60] Für den Mediator geht es letztlich bei seiner Haltung um die Arbeit an der Struktur, die einen lebendigen, empathischen und authentischen Mediator im Gesamtsystem der Mediation aus ihm macht, was nicht allein in der Anwendung von Verfahrenstechniken erreicht werden kann. Dazu gehört unweigerlich die Arbeit an sich selbst, vor allem daran, seine eigene Geschichte mit Abstand betrachten zu können, sie emotional ausfüllen und wo nötig auch betrauern zu können.[61] Es ist eher die Regel als die Ausnahme, dass Medianden auch unangenehme Gefühle in einem Mediator wecken. Diese nicht zu ignorieren, sondern ernst zu nehmen und produktiv interventionsleitend werden zu lassen ist Teil seiner Selbststeuerungs- und sozial-kommunikativen Kompetenzen, die es zu entwickeln gilt.[62] Erst durch mehr Bewusstheit bezüglich der eigenen Emotionen und deren reflektierter und erfahrungsbasierter Integration im Rahmen der Mediation entsteht ganzheitliche Sinneserfahrung und ein Prozess der persönlichen und professionellen Reifung.[63]

---

[58] Vgl. Kreuser, Karl/Robrecht, Thomas/Erpenbeck, John: Konfliktkompetenz. Eine strukturtheoretische Betrachtung. Wiesbaden 2012, S. 144.

[59] Kempf, Eberhard: Der Psychologe als Mediator. In: Handbuch Mediation. Methoden und Technik, Rechtsgrundlagen, Einsatzgebiete, hrsg. von Fritjof Haft und Katharina von Schlieffen. München 2016, S. 1189.

[60] Vgl. Andreasson, Marcus: Mediationstheorie. Der Begriff der Allparteilichkeit. In: Zeitschrift für Konfliktmanagement 20 (2017), S. 99–102.

[61] Vgl. Münch, Die therapeutische Haltung, S. 13–14.

[62] Vgl. Eidenschink, Selbstkenntnis und Metatheorie, S. 237 ff.

[63] Vgl. Redaktion, Dorsch Lexikon der Psychologie.

3.3.3 Selbstreflexion als methodische Praxis zur Haltungsentwicklung

Haltungsentwicklung ist damit nichts, mit dem man sich allein auf errungene Erfahrung ausruhen kann. Sie ist ein Langzeit-Lernprojekt, das in seiner Unvollständigkeit Kennzeichen der Offenheit und Ambivalenztoleranz ist, die die Ausübung der Mediation von Mediatoren immer wieder von Neuem fordert. ‚*Wundern, Wahrnehmen, Würdigen*‘ kann dabei ein guter Leitsatz für den alltäglichen achtsamen Umgang als Mediator in Beziehungen sein, nicht nur der professionellen. Die ‚*drei W's*‘ gelten selbstverständlich auch für ihn selbst.[64] Eine zunehmende Bewusstheit über das, was in der Mediation vorgeht, stellt sich erst allmählich ein.[65] Dies zeigt auch tendenziell eine Studie von Kreuser aus dem Jahr 2011, in der die Verteilung von Basiskompetenzen bei 562 Mediatoren in Abhängigkeit ihrer Berufserfahrung untersucht wurde. Sie verdeutlicht, dass in den ersten 7 Jahren die Methodenkompetenz überwiegt und erst danach von den personalen und sozial-kommunikativen Kompetenzen und ab 20 Jahren durch eine aktive zielorientierte Gestaltungskompetenz abgelöst wird. Sobald die Methode ‚sitzt‘, so die Schlussfolgerung, kann man sich der eigentlichen Beziehungsgestaltung und eigenen Identität widmen.[66] Versteht man die professionelle Haltung in der Mediation jedoch als einen multiperspektivisch reflexiven Metaprozess, der (im positivem Sinne) gestützt ist von einem bereits kohärenten Handlungsrahmen, so macht auch für die Haltungsentwicklung nur ein ganzheitlicher Ansatz Sinn, und zwar von Anfang an und nicht erst wenn der Verfahrensablauf perfektioniert wurde. Es geht darum, neben spezifischer Kompetenzentwicklung und Rückkoppelung durch Supervision und einem professionellen Netzwerk, immer wieder den unbequemen Weg des eigenen Selbstbezugs und der Selbsterforschung zu gehen. Die Schulung der eigenen Wahrnehmungsfähigkeit für die äußeren und inneren psychischen Prozesse sowie feinen interpersonalen Kalibrierungen ist die Voraussetzung dafür, in der vor allem affektiven Konfliktdynamik die Offenheit und das Prozessgleichgewicht aufrechtzuerhalten, die alternative Haltungen entstehen lässt. Denn letzten Endes ist professionelle Haltung kein Selbstzweck, es geht nicht um den Mediator, sondern darum, was in diesem Resonanzraum zu einer Lösung führt und wie die in der Mediation zumindest temporär wiedererarbeitete Handlungsfreiheit gestaltet

[64] Vgl. Stölzel, Was sich zeigt – Phänomenologie als reflektiertes Wahrnehmungswissen für Coaches und Berater, S. 230 ff.

[65] Vgl. Münch, Die therapeutische Haltung, S. 46.

[66] Vgl. Kreuser, Mir doch egal, was Mediation ist, S. 22–24.

werden kann. Auch die professionelle Haltung ist also nicht zu verabsolutieren. Sie ist niemals alles. Mediator sein, heißt auch seine Grenzen anzuerkennen. Sowohl der Kontext und die persönliche Passung der Mediandenzum Mediator[67] spielen eine Rolle. Diese ist nicht nur vom „Typ Mensch" abhängig, die in der Mediation aufeinandertreffen, sondern auch von der Sozialisierung der Medianden, deren sprachlichen Ausdrucksfähigkeiten[68], ihrer Freiwilligkeit und letztendlichen Willen, einen Konflikt selbstverantwortlich zu lösen, moralische Verantwortung für sich und für andere zu übernehmen. Haltungsentwicklung setzt zusammenfassend neben der unausweichlichen Praxis immer am eigenen Selbstbezug an. Es ist ein Unterschied, ob man Mediation hauptsächlich über das Abarbeiten eines Prozessleitfadens erlernt oder von Anfang an parallel einen inneren Zugang zum eigenen Handeln und seiner Haltung entwickelt. Daher enthalten die Anlagen 5–11 im elektronischen Zusatzmaterial dieser Arbeit eine kleine Auswahl an exemplarischen Übungen, die dazu anregen sollen, einen Reflexionsprozess eigener Verhaltens- und Denkmuster methodisch anzugehen und seine Möglichkeiten Schritt für Schritt auszuweiten und zu vertiefen.[69]

[67] Vgl. Münch, Die therapeutische Haltung, S. 54.

[68] Vgl. Schmitt, Lars: Habitus-Struktur- Reflexivität. Ein Beitrag zur soziologischen Konflikt- und Mediationsforschung. In: Mediation als Wissenschaftszweig. Im Spannungsfeld von Fachexpertise und Interdisziplinarität, hrsg. von Katharina Kriegel-Schmidt. Wiesbaden 2017, S. 90 ff.

[69] Vgl. Benesch, Michael: Der Dialog in Beratung und Coaching. Wien 2020, S. 177.

4 Ausblick – Haltung als neuralgischer Punkt in der Weiterentwicklung der Mediation

Haltung wird heute im Gesamtkontext von psychosozialer Beratung relativ übereinstimmend als „Markierungspunkt von Professionalität“[1] bezeichnet. Sie wird auch in der Fachliteratur der Psychotherapie und des Coachings in den letzten Jahren ausgiebig beschrieben und diskutiert als ein wesentliches Gestaltungselement von Beratungsbeziehungen. Auch die Forderung nach einer Metatheorie wird laut, was denn Veränderung übergreifend in allen psychologisch orientierten (nicht diagnostischen) Beratungsformen bewirkt. Mit dem Anspruch der Veränderung muss dabei wie aufgezeigt vorsichtig umgegangen werden. Die Spur führt jedoch immer wieder neben den auch aus der Mediation bekannten Faktoren (Selbstverantwortung, wertschätzenden Beziehung, Regulierung von Emotionen und Bedürfnissen usw.) zur Achtsamkeit des Selbsterlebens als Schlüsselkompetenz des Beraters sowie als solche, die es zu vermitteln gilt.[2] Wenn man Haltung in seiner zugespitzten und spürbarsten Formulierung nimmt, als ‚wie wir den Affekten in Beziehungen begegnen‘, dann hat gerade für die Mediation, die in Konflikten mit besonderen Herausforderungen wie hoher Emotionalität zu tun hat, die Frage der Selbstregulation, Selbstfürsorge und Selbstreflexivität des Mediators besondere Bedeutung. Bis dato nimmt die Mediationsbranche nicht wahrnehmbar an beratungsübergreifenden Diskussionen teil. Die Berührung vor allem mit dem Coaching, von dem sich die Mediation primär durch die Strukturvorgabe des Phasenablaufs unterscheidet, sekundär über die unterschiedliche Zielperspektive

---

[1] Will, Haltung als Sozialität im Widerstreit, S. 11.

[2] siehe die 8 Faktoren der Veränderung in psychologisch orientierten Beratungsgesprächen, In: Eidenschink, Selbstkenntnis und Metatheorie, S. 239 ff.

B. Kupiek, *Haltung in der Mediation*, BestMasters,
https://doi.org/10.1007/978-3-658-42726-9_4

von Konfliktlösung versus persönlicher Entwicklungsziele[3], wird tunlichst vermieden. Auch was die Ausbildung anbelangt, bleibt die Mediation in der Praxis überwiegend bei ihrer traditionellen Engführung auf Harvard und Prozesskompetenz. Der Ausbildungsliteratur, die eine große Breite hat, fehlt es an Aktualität vor allem was die wichtigsten Schnittstellenwissenschaften der Psychologie und Soziologie anbelangt. Sie konzentriert sich nach wie vor neben der Vermittlung von Basiswissen in der Tiefe auf unterschiedliche Anwendungsfelder der Mediation. Aber eben nicht auf das Thema der Haltung als wechselseitig reflexiven Prozess. Das Potenzial der modernen Emotionsforschung, das für das Erleben und tiefere Verstehen von Emotionen und Konflikten in der Mediation fruchtbar sein könnte, wird nicht genutzt. Ob die oft befürchtete Gradwanderung zur Psychotherapie begründet ist, sei dahingestellt. Jede Coachingausbildung wirbt jedenfalls mit Mehrwerten wie ‚viel Raum für Selbstreflexion und Persönlichkeitsentwicklung'.[4] Beides wird in der Mediationsausbildung ausgeklammert und auf Supervision und Fortbildung verlagert. Dafür mag es zwei Gründe geben: Erstens die enorm große Anwendungsbreite der Mediation in unterschiedlichen Einsatzfeldern, die von rein rationaler Verhandlung, über hochemotionale Beziehungskonflikte, bis zu internationalen Friedensverhandlungen gehen kann und sehr unterschiedliche Anforderungen an den Mediator in Punkto Mediationsstil hat. Das Continuum in der Mediationsausbildung ist daher die Prozesskompetenz. Zweitens, der Aus- und Weiterbildungsmarkt als wichtiger Wirtschaftsfaktor. Nach wie vor bietet dieser Mediatoren und anderen Beratern die größten ökonomischen Chancen. Gleichzeitig impliziert die Mediationsausbildung weiterhin leider keine direkte berufliche Perspektive. Trotz Ausbildungsboom mangelt es der Branche an Aufträgen.[5] Wer sich dennoch als freiberuflicher Vollzeitmediator am Markt etabliert, absolviert in der Regel im Anschluss an die Mediationsausbildung eine Coaching- oder weitere Ausbildungen. Wie sich die in der Theorie strikt zu trennenden Formate in der Realität vermischen oder auch ergänzen, vor allem im Bereich der Wirtschaftsmediation, aber auch der Paarberatung bleibt trotz einiger weniger Versuche, dies deskriptiv zu durchleuchten, eine Blackbox, die es Wert wäre zu untersuchen.[6] Frage ist also, ist die Mediation in Theorie und

---

[3] Vgl. Kreuser, Karl: Ungleiche Schwestern. In: Organisationsberatung, Supervision, Coaching 22 (2015), S. 341–353.

[4] Vgl. Fernuniversität in Hagen, Systemisches Coaching.

[5] Vgl. Tröndle, Mediation – nicht einfach nur ein Verfahren!, S. 36–38.

[6] Weber, Peter: Mediation benötigt Coaching und vice versa Ein symbiotischer Einzelfall aus der Arbeitsweltmediation. In: Organisationsberatung, Supervision, Coaching 12 (2005), S. 264–271.

Ausbildung noch zeitgemäß? Inwiefern befähigt eine Mediationsausbildung tatsächlich zur Berufsausübung und Entwicklung beruflicher Identität und welcher? Oder bedient sie nur den kleinsten gemeinsamen Nenner, dockt aber nicht am eigentlichen Mehrwert der Mediation an? Verfahrenexpertentum in der Mediation muss nicht der Feind der Beziehungsgestaltung sein. Weder der Footprint noch die Tradition der Mediation muss aufgeben werden, wenn man den Kern dessen spürbar und erlebbar macht, was die Mediation in ihren zentralen Bedeutungen der Interessen und Lösungen im Rahmen einer Haltungstriade ausmacht. Wenn man sich öffnet für die Vernetzung von Wissen in Theorie, Ausbildung und Praxis. Die Beschäftigung mit der Haltung kann dafür ein perfektes Medium sein. Denn in ihrer Struktur ist die Medialität und das soziale Miteinander bereits inbegriffen.[7] Gerade die Haltung in der Mediation schafft Verbindlichkeit und Verantwortlichkeit und damit die Grundlage für ein selbstbestimmtes Leben.

[7] Vgl. Kurbacher, Zwischen Personen, S. 454.

Literaturverzeichnis

Altmann, Tobias: Dorsch Lexikon der Psychologie. Empathie (https://dorsch.hogrefe.com/stichwort/empathie#search=96c749a113512e1cc004f31bf2d26865&offset=0Empathie, zuletzt aufgerufen am 19.06.22).

Andreasson, Marcus: Mediationstheorie. Der Begriff der Allparteilichkeit. In: Zeitschrift für Konfliktmanagement 20 (2017), S. 99–102.

Ballreich, Rudi: Work-Life-Balance – ein Thema für MediatorInnen? Übung: Himmel und Erde verbinden und das Herz öffnen. In: Wie managen MediatorInnen sich selbst? Im Spannungsfeld innerer und äußerer Konflikte, hrsg. von Brigitte Gans. Stuttgart 2010.

Becker, Reiner/Gessner, Susann: Haltung. In: Demokratie gegen Menschenfeindlichkeit – Zeitschrift für Wissenschaft und Praxis 2/2021.

Ben Larbi, Monia/Breidenbach, Stephan: Innenwelten der Konfliktlösung. Sieben Thesen zur inneren Professionalisierung (https://www.vfst.de/sites/vfst/files/2021-01/2020_larbi_breidenbach_innenwelten_der_konfliktloesung_0.pdf, zuletzt aufgerufen am 26.06.22).

Ben Larbi, Monia/Breidenbach, Stephan: Masterclass Mediation. Online-Kurse für die Weiterentwicklung von Mediator*innen (https://masterclass-mediation.eu/, zuletzt aufgerufen am 03.07.22).

Benesch, Michael: Der Dialog in Beratung und Coaching. Wien 2020.

Bilsky, Wolfgang: Die Struktur der Werte und ihre Stabilität über Instrumente und Kulturen. In: Sozialpsychologie und Werte. Beiträge des 23. Hamburger Symposions zur Methodologie der Sozialpsychologie, hrsg. von Erich H. Witte. Lengerich/Berlin/Bremen/Viernheim/Wien 2008.

Die Weltwoche: Moral siegt über Recht: Migranten-Schleuserin Carola Rackete bricht das Recht – und Italiens Ex-Innenminister Matteo Salvini steht vor Gericht (https://admin.weltwoche.ch/daily/moral-siegt-ueber-recht-migrantenschleuserin-carola-rackete-bricht-das-recht-und-italiens-ex-innenminister-matteo-salvini-steht-vor-gericht/, zuletzt aufgerufen am 14.06.22).

Dudenredaktion: Duden Online, Wortbedeutungen von Haltung, (https://www.duden.de/rechtschreibung/Haltung#bedeutungen, zuletzt aufgerufen am 14.06.22).

Dudenredaktion: Duden Online, Synonyme von Haltung, (https://www.duden.de/synonyme/Haltung, zuletzt aufgerufen am 14.06.22).

Duss-von Werdt, Jospeh: Der systemisch-konstruktivistische Ansatz. In: Handbuch Mediation. Methoden und Technik, Rechtsgrundlagen, Einsatzgebiete, hrsg. von Fritjof Haft und Katharina von Schlieffen. München 2016.

B. Kupiek, *Haltung in der Mediation*, BestMasters,
https://doi.org/10.1007/978-3-658-42726-9

Eidenschink, Heika: Coaching Ausbildung. Grundlagen des Coachings & des Coaching-Mindsets (https://www.heika-eidenschink.de/coaching-ausbildung/, zuletzt aufgerufen am 26.06.22).

Eidenschink, Klaus: Selbstkenntnis und Metatheorie. Anmerkungen zu den essentiellen Voraussetzungen für einen professionellen Einsatz von Tools im Coaching. In: Die Professionalisierung von Coaching. Ein Lesebuch für den Coach, hrsg. von Astrid Schreyögg und Christoph J. Schmidt-Lellek. Wiesbaden 2015.

Fernuniversität in Hagen: Systemisches Coaching. Wachstumsorientiert, im Blended Learning Format und auf universitärem Niveau (https://feuw.fernuni-hagen.de/index.php/weiterbildung/psychologie/systemisches-coaching/, zuletzt aufgerufen am 08.07.22).

Fietze, Beate: Coaching auf dem Weg zur Profession? Eine professionssoziologische Einordnung. In: Die Professionalisierung von Coaching. Ein Lesebuch für den Coach, hrsg. von Astrid Schreyögg und Christoph J. Schmidt-Lellek. Wiesbaden 2015.

Frey, Dieter: Psychologie der Werte. Berlin, Heidelberg 2016.

Friedman, Gary J.: Inside out. How conflict professionals can use self-reflection to help their clients. Chicago, Illinois 2014.

Garms-Homolová, Vjenka: Sozialpsychologie der Einstellungen und Urteilsbildung. Lässt sich menschliches Verhalten vorhersagen? Berlin/Heidelberg 2020.

Gauck, Joachim: Zusammenleben von Einheimischen und Zugewanderten (https://www.bundespraesident.de/SharedDocs/Downloads/DE/Reden/2016/11/161129-Offenbach-Integration.pdf?__blob=publicationFile, zuletzt aufgerufen am 14.02.22).

Gigerenzer, Gerd: Dorsch Lexikon der Psychologie. Kognition (https://dorsch-hogrefe-com.ub-proxy.fernuni-hagen.de/stichwort/kognition#search=021f74c1bfbe23010cf96aadfcc69b48&offset=0, zuletzt aufgerufen am 10.06.22).

Glasl, Friedrich: Selbsthilfe in Konflikten. Konzepte – Übungen – Praktische Methoden. Stuttgart/Bern 2017.

Glasl, Friedrich: Konfliktmanagement. Ein Handbuch für Führung, Beratung und Mediation. Bern/Stuttgart 2020.

Gläßer, Ulla: Mediative Interventionen. In: Handbuch Mediation. Methoden und Technik, Rechtsgrundlagen, Einsatzgebiete, hrsg. von Fritjof Haft und Katharina von Schlieffen. München 2016.

Greve, Werner/Thomsen, Tamara: Entwicklungspsychologie. Eine Einführung in die Erklärung menschlicher Entwicklung. Wiesbaden 2019.

Grimm, Jakob u. Grimm, Wilhelm: Deutsches Wörterbuch von Jacob Grimm u. Wilhelm Grimm. Philosophie. Bd. 13, Sp. 1830 (https://woerterbuchnetz.de/?sigle=DWB#1, zuletzt aufgerufen am 28.05.2022).

Ittner, Heidi: Psychologie der Mediation. In: Handbuch Mediation. Methoden und Technik, Rechtsgrundlagen, Einsatzgebiete, hrsg. von Fritjof Haft und Katharina von Schlieffen. München 2016.

Kempf, Eberhard: Der Psychologe als Mediator. In: Handbuch Mediation. Methoden und Technik, Rechtsgrundlagen, Einsatzgebiete, hrsg. von Fritjof Haft und Katharina von Schlieffen. München 2016.

Kock, Susanne: Professionelle Haltung. Eine Untersuchung zur Professionsentwicklung angehender Berater*innen, Mediator*innen und Coaches. In: Counseling Impulse (2020).

Köppl, Susan: Haltung-Einstellung-Selbst (-organisation). Ein Differenzierungsversuch. In: Was ist Haltung? Begriffsbestimmung, Positionen, Anschlüsse, hrsg. von Frauke A. Kurbacher und Philipp Wüschner. Würzburg 2016.

Kracht, Stefan: Rolle und Aufgabe des Mediators – Prinzipien der Mediation. In: Handbuch Mediation. Methoden und Technik, Rechtsgrundlagen, Einsatzgebiete, hrsg. von Fritjof Haft und Katharina von Schlieffen. München 2016.

Kreuser, Karl: Ungleiche Schwestern. In: Organisationsberatung, Supervision, Coaching 22 (2015), S. 341–353.

Kreuser, Karl: Mir doch egal, was Mediation ist. In: Mediation als Wissenschaftszweig. Im Spannungsfeld von Fachexpertise und Interdisziplinarität, hrsg. von Katharina Kriegel-Schmidt. Wiesbaden 2017.

Kreuser, Karl/Robrecht, Thomas/Erpenbeck, John: Konfliktkompetenz. Eine strukturtheoretische Betrachtung. Wiesbaden 2012.

Kupiek, Martin: Digital Leadership, Agile Change und die Emotion Economy. Emotionen als Erfolgsfaktor der digitalen Transformation. Wiesbaden, Germany 2020.

Kurbacher, Frauke A.: Interpersonalität zwischen Autonomie und Fragilität. Grundzüge einer Philosophie der Haltung. In: Was ist Haltung? Begriffsbestimmung, Positionen, Anschlüsse, hrsg. von Frauke A. Kurbacher und Philipp Wüschner. Würzburg 2016.

Kurbacher, Frauke A.: Zwischen Personen. Eine Philosophie der Haltung. Würzburg 2017.

Kurbacher, Frauke A./Wüschner, Philipp (hrsg.): Was ist Haltung? Begriffsbestimmung, Positionen, Anschlüsse, Würzburg 2016.

Landweer, Hilge/Wüschner, Philipp: Wie entsteht Gerechtigkeit? David Humes Affekttheorie als Propädeutik zu einer Theorie der Haltung. In: Was ist Haltung? Begriffsbestimmung, Positionen, Anschlüsse, hrsg. von Frauke A. Kurbacher und Philipp Wüschner. Würzburg 2016.

Lenger, Alexander/Schneickert, Christian/Schumacher, Florian (hrsg.): Pierre Bourdieus Konzeption des Habitus. Grundlagen, Zugänge, Forschungsperspektiven, Wiesbaden 2013.

Lindemann, Holger/Mayer, Claude-Hélène/Osterfeld, Ilse: Systemisch-lösungsorientierte Mediation und Konfliktklärung. Ein Lehr-, Lern- und Arbeitsbuch für Ausbildung und Praxis. Göttingen 2020.

Lück, Helmut E.: Dorsch Lexikon der Psychologie. Kognitive Wende (https://dorsch-hogrefe-com.ub-proxy.fernuni-hagen.de/stichwort/kognitive-wende#search=39ed518bfafee4aba73a9acca5bbb19e&offset=15, zuletzt aufgerufen am 10.06.22).

Lutschewitz, Claudia: Der Mediations-Faktor: innere Haltung und Mediation. Anregungen zur Entwicklung von Bewusstheit und Persönlichkeit. Hamburg 2018.

Mai, Jochen: Rückgrat zeigen: Warum klare Kante so wichtig ist (https://karrierebibel.de/rueckgrat/, zuletzt aufgerufen am 14.06.22).

Misselhorn, Catrin: Künstliche Intelligenz und Empathie. Vom Leben mit Emotionserkennung, Sexrobotern & Co. Ditzingen 2021.

Montada, Leo/Kals, Elisabeth: Mediation. Psychologische Grundlagen und Perspektiven. Weinheim/Basel 2013.

Münch, Volker: Die therapeutische Haltung. Perspektiven der Analytischen Psychologie. Stuttgart 2020.

Neyer, Franz J./Asendorpf, Jens B.: Psychologie der Persönlichkeit. Berlin, Heidelberg 2017.

Online-Redaktion: Oxford Learner's Dictionaries. Attitude (https://www.oxfordlearnersdictionaries.com/definition/english/attitude?q=attitude, zuletzt aufgerufen am 20.06.22).

Puddicombe, Andy: Finding Focus. Master Level 3, Session 4 (www.headspace.com, zuletzt aufgerufen am 08.07.22).

Redaktion: Dorsch Lexikon der Psychologie. Emotionsbezogene Psychotherapie (https://dorsch.hogrefe.com/stichwort/emotionsbezogene-psychotherapie#search=abc8bc4e54c9b3166e449aa17892f43b&offset=3, zuletzt aufgerufen am 06.07.22).

Redaktion Das große Wörterbuch für Synonyme und Wortbedeutungen: Ein anderes Wort für (https://anderes-wort-fuer.de/Haltung/, zuletzt aufgerufen am 14.06.22).

Redaktion Gefühlsmonster Akademie, (https://www.gefuehlsmonster.de/mediation-neu/, zuletzt aufgerufen am 20.06.22).

Roick, Matthias: Aristotelismus, Humanismus und die Kritik am habitus. Anmerkungen zu einer Geschichte der Haltung in der frühen Neuzeit. In: Was ist Haltung? Begriffsbestimmung, Positionen, Anschlüsse, hrsg. von Frauke A. Kurbacher und Philipp Wüschner. Würzburg 2016.

Schmidt, Klaus: Entstehung und Bearbeitung von Konflikten. In: Handbuch Mediation. Methoden und Technik, Rechtsgrundlagen, Einsatzgebiete, hrsg. von Fritjof Haft und Katharina von Schlieffen. München 2016.

Schmidt-Lellek, Christoph: Die professionelle Beziehung im Coaching. Polaritäten und Paradoxien. In: Die Professionalisierung von Coaching. Ein Lesebuch für den Coach, hrsg. von Astrid Schreyögg und Christoph J. Schmidt-Lellek. Wiesbaden 2015.

Schmitt, Gerd: Mediation von der Mitte her denken – work(s) in progress. In: Mediation als Wissenschaftszweig. Im Spannungsfeld von Fachexpertise und Interdisziplinarität, hrsg. von Katharina Kriegel-Schmidt. Wiesbaden 2017.

Schmitt, Lars: Habitus-Struktur- Reflexivität. Ein Beitrag zur soziologischen Konflikt- und Mediationsforschung. In: Mediation als Wissenschaftszweig. Im Spannungsfeld von Fachexpertise und Interdisziplinarität, hrsg. von Katharina Kriegel-Schmidt. Wiesbaden 2017.

Schönpflug, Wolfgang: Geschichte und Systematik der Psychologie. Weinheim 2013.

Spada, Hans/Kiesel, Andrea: Dorsch Lexikon der Psychologie. Allgemeine Psychologie (https://dorsch-hogrefe-com.ub-proxy.fernuni-hagen.de/stichwort/allgemeine-psychologie#search=1c9b41445b4e08f74221840ec5e82347&offset=0, zuletzt aufgerufen am 10.06.22).

Stölzel, Thomas: Was sich zeigt – Phänomenologie als reflektiertes Wahrnehmungswissen für Coaches und Berater. In: Die Professionalisierung von Coaching. Ein Lesebuch für den Coach, hrsg. von Astrid Schreyögg und Christoph J. Schmidt-Lellek. Wiesbaden 2015.

The Center for Understanding in Conflict: Inside Out SCPI (https://understandinginconflict.org/inside-out-scpi/, zuletzt aufgerufen am 03.07.22).

Tröndle, Jakob: Mediation – nicht einfach nur ein Verfahren! In: Mediation als Wissenschaftszweig. Im Spannungsfeld von Fachexpertise und Interdisziplinarität, hrsg. von Katharina Kriegel-Schmidt. Wiesbaden 2017.

Trötschel, Roman/Majer, Johann/Höhne, Benjamin: Verhandlungsforschung als Grundlage einer Mediationstheorie. In: Handbuch Mediation. Methoden und Technik, Rechtsgrundlagen, Einsatzgebiete, hrsg. von Fritjof Haft und Katharina von Schlieffen. München 2016.

Viola, Tullio: Gewohnheit u. Intuition zwischen Frankreich u. Amerika. Félix Ravaisson und das 20. Jahrhundert. In: Was ist Haltung? Begriffsbestimmung, Positionen, Anschlüsse, hrsg. von Frauke A. Kurbacher und Philipp Wüschner. Würzburg 2016.

Waas, Lisa: Übung zum Perspektivenwechsel für MediatorInnen. In: Wie managen MediatorInnen sich selbst? Im Spannungsfeld innerer und äußerer Konflikte, hrsg. von Brigitte Gans. Stuttgart 2010.

Weber, Peter: Mediation benötigt Coaching und vice versa Ein symbiotischer Einzelfall aus der Arbeitsweltmediation. In: Organisationsberatung, Supervision, Coaching 12 (2005), S. 264–271.

Werth, Lioba/Denzler, Markus/Mayer, Jennifer: Sozialpsychologie – das Individuum im sozialen Kontext. Wahrnehmen – Denken – Fühlen. Berlin/Heidelberg 2020.

Wild, Thomas: Was wissen wir von Haltung? Eine kleine enzyklopädische Suche. In: Was ist Haltung? Begriffsbestimmung, Positionen, Anschlüsse, hrsg. von Frauke A. Kurbacher und Philipp Wüschner. Würzburg 2016.

Will, Jakob C.: Haltung als Sozialität im Widerstreit. Psychosoziale Beratung zwischen Ethischem und Politischem. Göttingen 2021.

Wüschner, Philipp: Eine aristotelische Theorie der Haltung. Hexis und Euexia in der Antike. Hamburg 2016.

Wüschner, Philipp: Gegen-Eigentlichkeit. Haltung-Indifferenz-Einsamkeit. In: Was ist Haltung? Begriffsbestimmung, Positionen, Anschlüsse, hrsg. von Frauke A. Kurbacher und Philipp Wüschner. Würzburg 2016.

MIX
Papier | Fördert
gute Waldnutzung
FSC® C083411

Kolibri 360 GmbH
Ferdinand-Jühlke-Straße 7
99095 Erfurt, Deutschland
produktsicherheit@kolibri360.de